Extrait des Mémoires de la Société nationale d'Agriculture
Sciences et Arts d'Angers

LE

DROIT DE L'ANJOU

AVANT LES COUTUMES

d'après les notes de M. Beautemps-Beaupré

PAR

G. D'ESPINAY

ANCIEN CONSEILLER A LA COUR D'APPEL
PRÉSIDENT HONORAIRE DE LA SOCIÉTÉ NATIONALE D'AGRICULTURE
SCIENCES ET ARTS D'ANGERS

ANGERS

GERMAIN & G. GRASSIN, IMPRIMEURS-LIBRAIRES
40 rue du Cornet et rue Saint-Laud

—

1901

Monsieur Léopold Delisle,
membre de l'Institut, administrateur
de la bibliothèque nationale
hommage respectueux
[signature]

LE

DROIT DE L'ANJOU

AVANT LES COUTUMES

*Extrait des Mémoires de la Société nationale d'Agriculture,
Sciences et Arts d'Angers*

LE
DROIT DE L'ANJOU

AVANT LES COUTUMES

d'après les notes de M. Beautemps-Beaupré

PAR

G. D'ESPINAY

ANCIEN CONSEILLER A LA COUR D'APPEL
PRÉSIDENT HONORAIRE DE LA SOCIÉTÉ NATIONALE D'AGRICULTURE
SCIENCES ET ARTS D'ANGERS

ANGERS
GERMAIN & G. GRASSIN, IMPRIMEURS-LIBRAIRES
40, rue du Cornet et rue Saint-Laud

—

1901

LE

DROIT DE L'ANJOU

AVANT LES COUTUMES

d'après les notes de M. Beautemps-Beaupré

M. Beautemps-Beaupré, dont la laborieuse vie a été en grande partie consacrée à l'étude du droit et des institutions de l'Anjou, a laissé en mourant une collection considérable de notes et de documents relatifs à notre province. Il se proposait de reconstituer l'état social, les institutions, les coutumes des premiers siècles du moyen âge ; de refaire, pour la période comprise entre Charlemagne et saint Louis, ce qu'il avait déjà fait dans ses premiers ouvrages pour l'époque qui s'étend de saint Louis à François Ier (1). Cet ouvrage n'a été que projeté et n'a jamais été exécuté ; le plan même n'en a pas été écrit, mais on peut le reconstituer à peu près d'après le classement adopté par M. Beautemps-Beaupré pour ses notes et documents. J'ai retrouvé toutefois parmi les papiers de

(1) *Coutumes et Institutions de l'Anjou et du Maine :* 1re partie, coutumes et styles ; — 2e partie, juridictions de l'Anjou et du Maine.

l'auteur quelques fragments à peine rédigés, et qui nous font connaître quelles auraient été ses conclusions sur un petit nombre de questions qu'il avait plus spécialement étudiées (1).

L'ouvrage devait comprendre deux parties :

1° Un exposé très détaillé, qui n'eût pas demandé moins de 500 à 600 pages, si j'en juge par le nombre et l'importance des documents rassemblés et classés par ordre de matières ;

2° Une collection considérable de copies de chartes devant servir de pièces justificatives et classées par ordre chronologique.

Je vais tâcher d'abord de donner une idée sommaire de ce que devait être l'exposé ; je parlerai plus loin des pièces justificatives.

I

INTRODUCTION HISTORIQUE

Je suis très porté à croire que cet exposé devait commencer par une introduction historique. — M. Beautemps-Beaupré avait réuni sur l'histoire des comtes d'Anjou un grand nombre de notes empruntées non seulement aux auteurs angevins, mais aussi aux chroniqueurs anglais.

Le dossier intitulé *Nota in comites andegavenses* comprend : des extraits de chartes et des mentions de signatures empruntées à Mabile et à D. Housseau ; des notes diverses extraites de Guillaume de Jumièges, Richer, Orderic Vital, des chroniqueurs de Tours, des annales

---

(1) Le sujet que M. Beautemps-Beaupré se proposait de traiter est identiquement le même que celui que j'ai traité moi-même dans les *Cartulaires angevins*, ouvrage publié en 1864 ; mais il l'eût fait d'une manière plus étendue et plus complète.

bénédictines de Mabillon, et des auteurs publiés par D. Bouquet, André Duchène, Sirmond, d'Achery, etc. ; parmi les Anglais : Roger de Hoveden, Henri Huntindon, Guillaume de Malmesbury, la chronique anglo-saxonne, Guillaume de Neubridge ; le *monasticon anglicanum* (surtout pour le règne d'Henri II Plantagenet) ; les *rotuli cartularum* et les *rotuli litterarum* de Rymer (spécialement pour l'époque de Jean-sans-Terre).

Outre ces documents généraux, nous trouvons dans la collection une série de dossiers spéciaux relatifs à chacun des comtes d'Anjou, depuis Foulques-le-Roux jusqu'à Jean-sans-Terre.

Notre auteur avait pris la peine de copier lui-même une histoire manuscrite des comtes d'Anjou, de D. Housseau, depuis le roi Eudes jusqu'à la mort de Geoffroy-le-Bel (1), avec la suite comprenant l'histoire particulière de Geoffroy-le-Bel et une dissertation sur le partage des états de Geoffroy-Martel (2).

M. Beautemps-Beaupré avait commencé la rédaction de cette partie de son livre ; il donne *in extenso* les règnes de Foulques-le-Roux et de Foulques-le-Bon, premiers comtes héréditaires d'Anjou ; c'est le seul fragment dont la rédaction me paraisse complète et arrivée à sa fin. En ce qui concerne Ingelger, il suit les idées de M. Mabile et de M. J. Devaux, et conclut qu'Ingelger n'a jamais été comte d'Anjou (3).

Lorsqu'on lit toutes ces notes historiques, auxquelles M. Beautemps-Beaupré avait joint des recherches chronologiques, on doit reconnaître que ces matériaux étaient

---

(1) Dom Housseau, xxvi, 373-653 ; — xxvii, 1-121.

(2) *Idem*, xxi, 1, 146-149 ; — xxi, 1, 24.

(3) M. Beautemps-Beaupré reproduit une charte de 888, du cartulaire noir de Saint-Maurice d'Angers, contenant affranchissement d'un serf, par le roi Eudes, à la demande de Rainon, évêque d'Angers.

suffisants pour composer une histoire des comtes d'Anjou ;
cette opinion sera confirmée par l'examen des pièces justificatives.

II

DROIT CANONIQUE

Après la partie historique vient la partie juridique, qui
eût été de beaucoup la plus considérable. Parlons d'abord
du droit ecclésiastique : à tout seigneur, tout honneur.
M. Beautemps-Beaupré avait pris des notes nombreuses
sur le droit ecclésiastique de la province de Tours. Tout
un dossier comprend plusieurs extraits de décisions des
conciles de cette province, tenus à diverses époques à
Tours, Langeais, Saumur, Angers, Nantes, Rennes,
Château-Gontier, la Vaugayon. Ces conciles règlent des
matières de discipline ecclésiastique : la continence des
clercs, les mariages, la juridiction ecclésiastique, les biens
des églises, souvent envahis par les laïques, les privilèges et immunités des clercs, les testaments et les legs
pieux, etc. (1). Le même dossier renferme aussi des
extraits des statuts synodaux de Nicolas Gellant, de
Guillaume Le Maire, de Hardouin de Bueil, évêques
d'Angers (2) ; des documents de sources diverses, relatifs
aux élections des évêques et des abbés, dont quelques-
uns empruntés aux archives nationales.

Sous la rubrique *Églises*, un autre dossier renferme
de nombreux documents sur la propriété ecclésiastique,
les dîmes, les oblations, les sépultures, les églises, les
cimetières et les immeubles en dépendant, les droits de

(1) Mann, *Hist. Eccles. Turon.*, pars II.
(2) D. Martène, *Thesaurus anecdot.*, t. IV.

marché, de tonlieu, de viguerie possédés par les églises,
les franchises dont elles jouissaient, etc. Il y a dans la
réunion de ces documents matière à un chapitre fort intéressant sur le droit canonique et sur la propriété ecclésiastique dans l'Ouest, à l'époque de la haute féodalité.

III

DROIT SEIGNEURIAL

1° *Vigueries : droits de justice*

Les notes relatives au droit seigneurial sont plus nombreuses encore que les précédentes et d'une haute importance.

Les comtés, à l'époque carolingienne, étaient subdivisés
en vigueries ; la viguerie était un petit territoire qui avait
pour chef ou gouverneur un magistrat nommé viguier
(*vicarius, vigerius, viarius*) : il exerçait sur le territoire
soumis à sa juridiction une partie des droits du comte,
rendait la justice dans les limites fixées à sa compétence,
levait les troupes, percevait les impôts tombés dans le
domaine du comte et dont une partie faisait son salaire.
Nous ne connaissons que fort imparfaitement les noms
des anciens chefs-lieux des vigueries de l'Anjou ; M. Port
n'en cite qu'un fort petit nombre (1). La circonscription
des vigueries du Poitou est beaucoup mieux connue ; on
sait du moins les noms des chefs-lieux (2).

Le mot viguerie, dans les chartes des xe, xie et
xiie siècles, a un double sens : l'un géographique et
l'autre juridique. Dans le premier, il désigne le territoire

(1) *Dict. hist. de Maine-et-Loire*, Introd., p. xii.
(2) De la Fontenelle de Vaudoré, *Vigueries du Poitou*.

soumis à l'administration d'un viguier ; dans le second,
l'ensemble des droits exercés par cet agent du comte.
Nos documents prennent le plus souvent le mot *vigeria*
au sens juridique.

Lorsqu'ils relatent que la viguerie de tel endroit appartient ou est donnée à tel ou tel, cela veut dire que les
droits attachés à la fonction de viguier sur les terres et
les habitants de cette localité ont été détachés du domaine
du comte au profit de tel ou tel vassal (1). Il faut observer
toutefois que le mot viguerie, pris au sens juridique,
paraît désigner tantôt l'ensemble des droits justiciers
exercés par le viguier ou par le seigneur investi du droit
de viguerie et tantôt un droit distinct des autres droits
seigneuriaux.

Les anciennes vigueries furent fréquemment démem-
brées par des concessions de droits de justice faites à un
grand nombre de seigneurs particuliers. Les droits de
viguerie devinrent ainsi héréditaires au profit des vassaux
du comte ; ce qui donna naissance aux justices seigneuriales. Ces justices, bien qu'elles aient été concédées le
plus souvent en fief, ne sont pas essentielles au contrat
féodal ; elles ne dérivent pas du même principe ; c'est ce
que Loisel a si bien formulé par sa règle : *fief et justice
n'ont rien de commun.* Ce sont des démembrements du
pouvoir justicier du comte, qui pouvaient s'opérer à un titre
autre que l'inféodation. Nous citerons à titre d'exemple
les châtellenies de Loudun, Saumur, Chinon, Baugé,
Loches, dont les châtelains n'étaient pas des seigneurs
féodaux et sont toujours restés de simples magistrats ou
gouverneurs amovibles, nommés et révocables *ad nutum*
par les comtes d'Anjou ou de Touraine ; et cependant ils

(1) C'est aussi dans ce sens que le mot *vicaria* est pris dans la vie
de Bouchard de Melun ; il y est dit que ce seigneur donna à diverses
communautés la *vicaria* des terres dont il leur faisait présent : c'est-à-
dire le pouvoir de percevoir les droits de viguerie sur ces terres.

exerçaient tous les droits de justice et de viguerie sur leur territoire.

Dans l'origine, la limite des droits de juridiction n'était pas fixée d'une manière régulière par la loi (puisqu'à proprement parler il n'y en avait point), ni même par l'usage. Le comte concédait tels ou tels droits à X. sur tel territoire, tels ou tels droits à X. sur tel autre territoire ; la charte de concession était la seule règle. Lorsque les jurisconsultes voulurent plus tard introduire un peu d'ordre dans les usages féodaux, on classa les droits de justice sous diverses catégories ; on distingua la haute justice de la basse suivant l'étendue de la compétence ; puis on désigna sous le nom de moyenne justice certaines juridictions qui avaient des droits plus étendus que la basse, moins étendus que la haute et que l'on ne pouvait faire entrer dans l'une ou l'autre de ces catégories ; mais ces distinctions, toujours un peu arbitraires, n'existaient pas dans l'origine.

Parmi les cas réservés à la haute justice, il faut mentionner quatre cas particuliers dont il est souvent question dans les chartes ; ce sont : le meurtre, le brigandage, l'incendie et le viol (rapt de violence) ; ils sont tantôt réservés, tantôt concédés par le seigneur supérieur ; la charte de donation, concession ou investiture est toujours la seule loi.

Il ne faut pas oublier, d'autre part, qu'à l'époque dont nous parlons, le pouvoir judiciaire et le pouvoir administratif étaient absolument confondus et le sont restés pendant plusieurs siècles encore ; ils n'ont même été complètement séparés qu'à l'époque de la Révolution. La distinction des pouvoirs repose sur une idée toute moderne.

Avec le droit de juridiction vient celui de lever les troupes, de les convoquer, de les commander et de les mener au combat. Ce droit est également un droit de justice, dérivé du pouvoir public et s'exerçant sur un territoire déterminé, en vertu de la souveraineté ou d'un démembrement de la puissance souveraine. A l'époque carolingienne, le roi levait l'armée dans l'intérêt du royaume ; le comte, dans son comté, exerçait pour le roi ce droit si important. Lorsque les comtés furent devenus héréditaires et les comtes à peu près indépendants du pouvoir royal, ils l'exercèrent à leur profit et pour leurs guerres particulières contre leurs voisins. Les démembrements du pouvoir comtal, les concessions de droits de viguerie produisirent le même résultat sur une plus petite échelle dans la limite des comtés. Les viguiers, ou seigneurs pourvus du droit de viguerie, levaient d'abord les troupes pour le comte, puis, par suite de l'hérédité et de l'inféodation des droits de viguerie, ils levèrent et conduisirent les troupes à la guerre dans leur propre intérêt. Ce droit d'ost est donc, quant à son origine et à son point de départ, distinct du service féodal : ce service était dû par le vassal, pourvu d'un fief militaire, à son suzerain en vertu du contrat qui les liait l'un à l'autre par un engagement formel : je reviendrai plus loin sur cette importante distinction.

Nul gouvernement ne peut vivre sans impôts ; la fiscalité romaine enveloppait d'un réseau à mailles serrées tous les agissements humains ; elle frappait tous les produits de la terre, du commerce et de l'industrie. Les Mérovingiens et les Carolingiens conservèrent avec un soin religieux les traditions de la fiscalité romaine (1). Les comtes prélevaient ces impôts pour le roi, puis ils les perçurent pour eux-mêmes quand ils furent devenus à peu près indépendants du pouvoir royal. Les viguiers firent de même ; les concessions d'impôts et de droits divers,

---

(1) Voir dans les diplômes mérovingiens et carolingiens la longue liste d'impôts directs ou indirects mentionnés parmi les immunités accordées aux communautés.

accordées par les comtes à leurs subordonnés, créèrent
une foule de tyranneaux de village, exacteurs de leurs
sujets. Il faut dire qu'alors l'argent était rare et que les
comtes n'avaient guère d'autre moyen de payer leurs
subalternes. Ces concessions furent faites le plus souvent
à titre féodal.

Il faut reconnaître toutefois que la rapacité seigneuriale et le manque d'argent entraînèrent souvent les
comtes et leurs vassaux à aggraver le poids de ces imposi-
tions, à introduire des *malæ* ou *novæ consuetudines*, si
lourdes pour ceux qu'elles frappaient (1). La fiscalité de
cette époque s'exerçait lourdement, brutalement ; on
n'avait pas encore trouvé l'art de tondre l'agneau sans le
faire crier et de lui persuader que c'est pour son bien
qu'on le saigne aux quatre veines. Il était réservé à la fiscalité moderne d'agir avec plus d'habileté et de ruiner le
contribuable en lui démontrant que plus il paie plus il
s'enrichit.

Il serait impossible d'entrer dans le détail de tous ces
droits si variés, mentionnés à chaque page des chartes des
xi⁰ et xii⁰ siècles ; droits de cens, de terrage, de vinage, de
fenage, de minage ; — de tonlieu, de marché, de péage sur les
transports (*pontagium, passagium, pedagium, rotaticum,
halagium, pulveraticum,* etc.) ; — droits sur les fours, les
moulins, les pressoirs ; — droits de gîte ; — droits de
corvées. Rien de plus difficile, du reste, que de préciser
l'origine des corvées seigneuriales. Proviennent-elles de
l'ancien *cursus publicus*, des *angariæ* du droit romain
ou du servage, qui assujétissait le cultivateur à donner un
certain nombre de jours par an ou par semaine à la culture des terres de son maître ? — Des deux sources très
probablement. Le fermier de notre temps fournit à la

(1) Le mot *consuetudo* désigne très souvent dans la langue des
chartes les charges fiscales, parce que la coutume en déterminait
ordinairement la quotité.

commune un certain nombre de jours par an pour la corvée publique, dite prestation ; il peut aussi devoir des jours de labours ou de charrois au propriétaire, en vertu de son bail. Mais, si le maître est en même temps un souverain au petit pied, on conçoit que la confusion soit facile à opérer et que la corvée destinée au service public soit souvent détournée de son but primitif, pour le service du maître. C'est ce qui dut se produire fréquemment au moyen âge (1).

2° *Immunités*

L'immunité avait pour objet de soustraire certaines terres et certaines personnes au pouvoir seigneurial. Les églises épiscopales et les abbayes obtenaient généralement du roi le privilège de l'immunité. D'après ce privilège, ni le comte, ni ses agents ne pouvaient pénétrer sur la terre immune, y exercer aucun droit de contrainte sur les tenanciers, ni les juger, ni percevoir aucun impôt ou droit fiscal sur les personnes ou sur les terres, ni requérir les hommes pour l'ost et la chevauchée, ni même les conduire et commander à la guerre. Toutefois, et à moins d'une clause spéciale au profit des tenanciers, la charte d'immunité accordée à une communauté ne les affranchissait pas des droits mentionnés dans cette charte. Ces droits passaient à l'abbaye qui prenait la place du seigneur primitif. Elle percevait alors elle-même tous les droits de justice ou de fisc abandonnés par le Roi ou son représentant, faisait convoquer en cas de guerre et commander ses hommes par ses propres agents, et ne relevait que d'elle-même.

Les moines obtenaient souvent aussi pour les denrées et marchandises qu'ils achetaient pour leur compte, ou

(1) Dès l'époque des Capitulaires, il est fait allusion à ces détournements des corvées publiques au profit particulier des seigneurs.

pour les produits provenus de leurs terres et qu'ils faisaient vendre, l'exemption des droits de transport et de péage. Ces diverses immunités furent d'abord concédées par les rois, souvent à la demande des évêques et des comtes; à l'époque qui nous occupe, elles le furent par les comtes et même par les seigneurs d'ordre inférieur.

Il faut remarquer d'ailleurs que l'immunité était une concession gracieuse à laquelle le concédant mettait quelles limites ou quelles conditions il voulait. Il pouvait, en concédant tel droit, se réserver tel autre droit, par exemple un droit de pacage ou de pasnage dans les bois ou sur les prairies de l'abbaye, celui de bâtir une forteresse sur son territoire, de juger les grands cas criminels; il concédait ou non les amendes encourues pour crimes, le produit des confiscations, etc. M. Beautemps-Beaupré avait réuni sur ce vaste sujet des documents fort nombreux, des notes très intéressantes. Il eût pu le traiter à fond et nous faire connaître, avec leur infini détail, tous les droits fiscaux tombés dans le domaine seigneurial, nous montrer dès leur origine le fonctionnement de ces justices dites féodales. Mais, pour mettre en œuvre cette immense collection, il faudrait donner à l'exposé un développement considérable et qui dépasserait de beaucoup les limites que je suis obligé de m'imposer.

3° Droits d'usage; Banalités

Un grand nombre de chartes relatent des concessions de droits d'usage faites par les comtes d'Anjou ou par des seigneurs inférieurs à diverses communautés. On concédait notamment le droit de prendre du bois pour le chauffage, les clôtures, les réparations du couvent, celui de tirer des pierres dans une carrière, de faire paître des bestiaux sur les prairies, de conduire des porcs dans les bois et d'y prendre du gland; tous ces droits étaient plus ou moins étendus, suivant les conditions de la charte de concession. On mentionne aussi des concessions de droits de chasse et de prise d'abeilles.

Les eaux ont été l'objet de beaucoup de donations ou concessions; droit de prendre des eaux, d'en détourner le cours, de creuser des étangs, d'établir des moulins et des écluses; droits de pêcheries, etc. Ces droits étaient plus ou moins étendus, suivant les conditions de l'acte de concession, et s'appliquaient soit à toute espèce de poissons, soit à quelques espèces particulières, soit à certaines époques de l'année ou à certains jours de la semaine. Ces concessions, sur les cours d'eau, paraissent bien être des actes d'autorité seigneuriale, car les cours d'eau sont quelquefois appelés *aqua dominica :* les eaux étaient donc tombées dans le domaine seigneurial.

Les banalités existaient dès le xie siècle; nous voyons en effet à cette époque élever des moulins auxquels tous les habitants d'un village ou territoire étaient tenus de faire moudre. Tantôt le seigneur concède à une communauté le droit d'avoir un moulin banal, et il exempte les hommes du couvent de l'obligation de moudre à son moulin, tantôt il exempte ses propres hommes et leur permet de moudre au moulin du couvent; des conventions analogues concernent les moulins à fouler, les fours et pressoirs banaux. Le droit de banvin, celui de mesures sont aussi souvent mentionnés dès les premiers temps féodaux.

Tous ces droits sont, comme ceux dont nous avons parlé plus haut, d'origine justicière, c'est-à-dire fiscale et démembrés du domaine royal.

IV

CONDITIONS SOCIALES

Les chartes abondent en renseignements relatifs aux conditions sociales. Au premier rang, viennent les barons du comte, les *vassi dominici*, dont les domaines relevaient directement du comté. A l'époque carolingienne on appelait *vassi dominici* les vassaux directs du roi ; au xie siècle, le sens du mot s'est altéré et désigne le vassal du comte, très probablement parce que les vassaux du roi étaient devenus ceux du comte. Au second rang figurent les *milites* ou chevaliers, hommes de guerre armés de toutes pièces et marchant au combat avec leur suite ; il faut observer toutefois que le mot *miles* est un terme générique qui s'applique à des hommes de condition assez différente ; les plus grands feudataires, les ducs et les comtes sont quelquefois qualifiés simplement *milites* ; d'autres documents appliquent ce terme aux vassaux d'un baron. Le dernier rang de la classe guerrière comprend les *armigeri, scutarii, servientes*, hommes d'armes, écuyers, sergents, attachés au service du baron ou du chevalier. Ils possédaient souvent de petits fiefs appelés *vavassories* ; les arrière-vassaux sont appelés *vavassores*, vavasseurs (*vassalus vassali*).

Les évêques et les abbés des grandes communautés avaient aussi leurs vassaux et arrière-vassaux, leurs *barones, milites, servientes, scutarii*. Le mot baron n'avait point alors le sens absolu qu'il a reçu plus tard ; dérivé du latin *vir*, il signifie tout simplement *homme* ou *vassal* ; on était le baron d'un chef supérieur, d'un suzerain, c'est-à-dire son homme (1).

(1) En Angleterre, le mot *baronage* désigne la pairie et s'applique à tous les lords qui tiennent leurs fiefs directement du souverain.

Quelquefois les documents emploient le mot *equites* ;
il doit se prendre, je crois, dans un sens général pour
désigner toute la classe militaire, c'est-à-dire la noblesse,
et s'oppose au mot *rustici* qui s'applique à la classe des
laboureurs, à la roture. C'est ainsi qu'en Allemagne,
maintenant encore, on dit l'*ordre équestre* pour désigner
la noblesse militaire.

On demande souvent ce que devint à l'époque féodale
la classe, si nombreuse au temps de Charlemagne, des
homines liberi, possesseurs de manses et qui formaient
le fond de l'armée du grand Empereur. Ils n'ont point
disparu, ils n'ont point été faits serfs (sauf quelques cas
particuliers) ; ils ont seulement changé de nom ; ils ont
formé le noyau de la petite noblesse rurale dont les
alleux sont souvent devenus des vavassories.

Après les nobles viennent les bourgeois ; le mot *burgensis*, d'après son étymologie, désigne l'habitant d'un
bourg, sans égard à la condition sociale de la personne ;
aussi trouve-t-on des bourgeois nobles et des bourgeois
serfs. Mais, grâce aux chartes d'affranchissement, la
plupart des bourgs ayant conquis une liberté plus ou
moins complète, le mot *burgensis* devint à peu près
synonyme d'homme libre. Il remplaça le mot *civis* si souvent employé par Grégoire de Tours pour désigner les habitants libres des villes. Aussi voyons-nous, dès le xiie siècle,
des bourgeois participer à des actes d'administration.

Les coutumiers et les vilains, *consuetudinarii, villani*,
sont les habitants des campagnes appelés aussi *rustici*.
Bien que la condition servile fût très générale encore aux
xe et xie siècles, elle n'était pas cependant universelle. Il
y a toujours eu des *villani* et *rustici* soumis à toute la
rigueur des obligations seigneuriales, à toutes les *consuetudines* anciennes ou nouvelles, mais qui n'en étaient pas
moins libres de leur personne et affranchis du servage de
la glèbe.

Nous trouvons aussi dans les chartes les *coloni*, les *servi*, les *mancipia* et enfin les *colliberti*. Les colons étaient d'une condition un peu supérieure à celle des serfs ; mais il est souvent difficile de voir d'une manière précise en quoi consistait la différence. Les colons paraissent avoir été des hommes libres de leur personne, appelés quelquefois *liberi coloni* ; en mentionnant les hommes attachés à la culture des terres d'un couvent, les textes opposent souvent les *servi* aux *ingenui*.

Il est plus difficile encore de bien différencier les serfs et les colliberts, car les documents nous représentent ces derniers dans une situation assez analogue à celle des autres. Ils cultivaient également la terre de leurs maîtres et ne pouvaient la quitter ; on les donnait, vendait, échangeait généralement avec la terre. Nous trouvons cependant aussi des serfs et des serves attachés aux services domestiques, on en voit de vendus sans la terre ; ce sont, dans ce cas, des esclaves domestiques.

Ce qu'il y avait de plus dur dans la condition des serfs, c'étaient les partages d'enfants entre seigneurs, en cas de mariage d'un serf et d'une serve appartenant à deux seigneuries différentes. Il y avait un droit perçu sur les mariages mixtes, peut-être même sur tous les mariages, dans certaines seigneuries ; mais je n'ai vu nulle part trace du droit de marquette (1).

Lorsque plus tard, à une époque où le servage avait à peu près disparu, on voulut classer méthodiquement les catégories de serfs, on les mit dans trois classes différentes : serfs de poursuite, serfs d'héritage, serfs de meubles. Les premiers sont attachés à la glèbe et ne peuvent la quitter sans le consentement du seigneur ; ce sont les descendants

----

(1) Dans les aveux d'une époque plus récente, on trouve l'obligation imposée aux mariés de l'année de courir la quintaine, d'offrir un bouquet au seigneur, de danser devant lui, etc., mais jamais rien d'immoral.

des *adscripticii glebæ* du droit romain ; les seconds ne sont tenus qu'en vertu de la possession de l'immeuble qu'ils cultivent et redeviennent libres en abandonnant cette terre ; les derniers, obligés de laisser leurs meubles au seigneur, sont d'une condition inférieure. Sous des noms différents, nous retrouvons dans cette classification la distinction des colons et des serfs du moyen âge.

Un fait remarquable, souvent relaté dans les textes, est le servage volontaire. Tel, inspiré par un sentiment de dévotion ou pressé par la misère, se donne avec toute sa famille à une communauté ; cette dation s'opérait au moyen de cérémonies symboliques.

Nos chartes relatent de nombreux affranchissements. Il y avait plusieurs modes d'origines diverses de donner la liberté à un serf ; on employait encore, au xi° siècle, l'affranchissement par le denier, comme à l'époque franque. L'émancipation des campagnes en Anjou et dans le Maine paraît s'être faite progressivement, sans bruit, par des actes particuliers et locaux, d'une portée restreinte ; mais il ne s'en est pas moins accompli assez promptement, car les coutumes du xiii° siècle ne font plus mention du servage et ne parlent que des vilains devenus censitaires libres.

Une dernière classe de personnes est celle des *aubains*, *alibi nati*, à la succession desquels les seigneurs prétendaient droit ; on les soumettait quelquefois aussi à un impôt particulier. Mais dans quelle condition devenait-on aubain ? dans quel cas le seigneur avait-il droit à la succession ? Le droit d'aubenage donna souvent lieu à des difficultés entre les seigneurs angevins ou manceaux. Une charte de 1062, pour mettre fin à des différents de cette nature, définit ainsi l'aubain : on ne doit appeler aubain que l'homme qui est venu s'établir sur une terre momentanément et n'a sur cette terre ni parent, ni ami, ni demeure fixe ; dans ce cas le seigneur peut reven-

diquer les choses appartenant à l'aubain, à moins qu'il
ne se présente un parent qui les réclame ou que le défunt
n'en ait fait don à une communauté (1). A une époque
plus récente, on décida que l'aubain est l'homme origi-
naire d'un diocèse autre que celui dans lequel il est venu
s'établir. Enfin, dans le dernier état du droit et lorsque
l'aubenage fut devenu régalien, le nom d'aubain ne
s'appliqua plus qu'à l'étranger né hors du royaume de
France et décédé sans avoir été nationalisé français.

V

PROPRIÉTÉ FÉODALE

1° Alleux

Le mot *alleu*, dans la langue des chartes, peut être
pris dans différents sens : 1° tantôt il désigne un certain
domaine, sans autre qualification, l'alleu de A ou de B ;
c'est une appellation purement géographique ; — 2° il
peut signifier la propriété pure et simple ; il est alors
synonyme de *dominium* ou de *hæreditas* et s'oppose à
la tenure imparfaite, aux bénéfices, mainfermes, censives, etc. ; — 3° dès le xi° siècle on le voit employé pour
désigner des biens exempts de droits fiscaux ; il corres-
pond alors à *elemosyna, immunitas, franchisia*, c'est ce
qu'on a plus tard appelé *franc-alleu* : — 4° enfin, en
matière successorale, le mot *alodium* revient à *proprium*
(propre) et s'oppose à *comparatum* (acquêt) ; c'est le
bien héréditaire, patrimonial de la famille.

On trouve, au moyen âge, des biens allodiaux possédés
non seulement par les églises (*allodialiter, in parâ*

(1) *Cartul. de Saint-Vincent du Mans.*

elemosynâ, in ou *de immunitate, liberi ab omni vica-
riorum potestate*), mais aussi par les laïques de diverses
conditions ; les comtes, leurs vassaux ou arrière-vassaux,
barons ou simples chevaliers font des dons aux communautés d'alleux et de biens immunes.

Le cartulaire de Vendôme fait mention d'une justice
allodiale, ce qui est rare et a disparu de bonne heure
dans l'Ouest. Le possesseur de l'alleu gratifié de cette
justice était, par le fait seul de la possession, juge de tous
les cas entraînant preuve par l'ordalie ou par le duel (1).

Mais l'alleu type, l'alleu parfait, c'est l'alleu royal, la
possession domaniale ; *libera et quieta ut regale alodium*,
dit une charte de saint Nicolas d'Angers. Les anciennes
villæ du domaine royal étaient tombées dans celui des
comtes et sont encore appelées *villæ fiscales* au xie siècle,
bien qu'elles aient changé de maîtres, comme les *vassi
dominici*, anciens vassaux directs du roi, devenus vassaux
du comte d'Anjou.

2° *Fiefs*

Le fief dérive du bénéfice ; pendant l'époque franque
les rois donnaient à leurs antrustions, leudes, fidèles,
vassaux royaux qui s'étaient engagés vis-à-vis d'eux dans
les liens étroits de la recommandation, soit des comtés à
gouverner, des abbayes à exploiter, soit des terres du
fisc en jouissance ou des tributs à percevoir. Les donations de terres étaient faites tantôt à titre précaire, tantôt
à titre allodial en pleine propriété ; mais les possesseurs

______

(1) ... ut si fortè incolarum ejus aliquis in aliquo excedit, unde
aut bellum faciendum aut solitum candentis ferri judicium sit
deportandum, vel alio quolibet modo quo peccari potest delinquit,
non ad alium quemlibet pertineat judicare de his, *sed qui dominus
et possessor est alodii, est per se ipsum districtor et judex foris
facti cujusque generis sit...* (**Cartul. Majoris Monasterii Vin-
docin.,** c. xxii, antè 1064.)

de bénéfices tendaient toujours à transformer leurs tenures amovibles en domaines héréditaires. On a démontré qu'au ixe siècle le fief n'existait pas encore et qu'il n'y avait que des bénéfices (1) ; mais, si le fief n'existe pas, tous les éléments qui constituent la tenure féodale ont déjà pris leur développement. Le vassal s'engage vis-à-vis de son seigneur par la recommandation et devient son homme ; il reçoit en récompense un domaine ou un gouvernement. Qu'on fasse un pas de plus : le suzerain concède ce domaine au vassal sous certaines conditions, notamment la fidélité et le service militaire, et le vassal s'engage vis-à-vis de son seigneur, par l'hommage-lige, à le servir en toutes circonstances ou, tout au moins, par l'hommage-simple, à remplir fidèlement les conditions du contrat féodal (2). La recommandation est devenue l'hommage et le bénéfice s'est transformé en fief. Les deux situations ne sont séparées que par un fil ; la différence est surtout théorique et consiste en ce que, dans le premier cas, l'engagement est personnel et la concession du bénéfice facultative de la part du supérieur ; dans le second il est réel et dérive de la concession même dont il n'est plus que la conséquence et la suite. On conçoit donc qu'il a été facile de passer de l'une à l'autre situation et de franchir la faible distance qui les séparait. Et cependant cette transformation s'est opérée plus lentement qu'on ne le croit généralement.

Les Ingelgériens, d'abord vicomtes d'Anjou, en devinrent comtes dans les premières années du xe siècle, sous le vasselage des ducs de France. Mais, pendant une grande partie du même siècle, les subdivisions du comté furent administrées par des viguiers et des châtelains, simples

(1) Faugeron, *Les bénéfices et la vassalité au IXe siècle*. Rennes, 1868.

(2) On trouve déjà le mot *hominium*, hommage, dans l'Appendice aux formules de Marculf, n° 48. Coll. de Rozière, nᵛ 100.

magistrats ou gouverneurs amovibles. La féodalité de
second ordre ne s'est guère organisée en Anjou que vers
la fin du xe siècle et pendant les premières années du xie.
Ce fut seulement vers l'époque de Foulques Nerra qu'on
vit les principaux bourgs d'Anjou, concédés en fief à des
vassi dominici, devenir les baronnies du comté. Nous
savons l'origine de celles de Châteaugontier, Mathefelon,
Durtal (1)...

On donna les vigueries en fief ; on vit même quelquefois
de simples viguiers devenir seigneurs héréditaires du territoire soumis à leur autorité et passer au rang des barons
ou vassaux directs d'un grand feudataire ; telle est,
croit-on, l'origine de la maison de Retz (2). Il put
arriver aussi que certains seigneurs étendirent leur autorité par la force et contraignirent les aleutiers, leurs
voisins, à devenir leurs vassaux (3).

Les feudataires du comte, investis des droits de
justice et de viguerie sur tel ou tel territoire, concédèrent
à leur tour ces droits en bénéfice ou en fief à leurs propres
vassaux, qui les tinrent d'eux à foi et hommage. Les
sénéchaussées et prévôtés, ou plus exactement les fonctions des sénéchaux et des prévôts furent aussi données
en fief ; on en trouve des exemples. C'est ainsi que se
constitua la petite féodalité de troisième et de quatrième
ordre, celle des vavassories, qui complète la hiérarchie
féodale (4).

(1) *Cartul. de Saint-Aubin*, f° 2 ; — f° 96 ; — *du Ronceray*,
r. IV. c. 54 et Marchegay, n° CXXX. — Port, *Dic. hist. de Maine-
et-Loire*.

(2) Léon Maitre, *Les villes disparues*. Le pagus d'Herbauges.

(3) O. Desmé de Chavigny, *Notice historique sur les anciens
seigneurs de Montsoreau*, p. 11.

(4) Outre les grandes baronnies de Châteaugontier, Durtal, Brissac,
Beaupréau, Doué, Montreuil, etc., un grand nombre de petites châ-
tellenies et de simples fiefs relevaient directement du comté d'Anjou.
(Voir la liste des fiefs d'Anjou aux xive et xve siècles, que j'ai publiée

Le moyen le plus ordinaire de constituer un fief était la concession directe par le seigneur supérieur. Mais il en existait d'autres ; le possesseur d'un alleu, pour se donner un protecteur, cédait son alleu à un puissant seigneur, duquel il s'engageait à le tenir en fief à l'avenir, et entrait ainsi dans la hiérarchie féodale. Cet arrangement était assez fréquent entre les alleutiers et les abbayes. Il est probable que beaucoup d'alleux passèrent à l'état de fiefs, sans convention formelle et par la seule force des choses.

La concession féodale entraînait un démembrement de la propriété ; le seigneur supérieur ou suzerain conservait le domaine *direct* ou *éminent*, en vertu duquel il se faisait rendre les devoirs à lui dus par son vassal ; celui-ci avait le domaine *utile* qui lui donnait le droit de percevoir soit les revenus du domaine, soit les profits attachés à la charge qu'il avait reçue, ou enfin les droits fiscaux qui lui avaient été concédés en fief. On ne trouve les termes de *domaine utile* et de *domaine éminent* usités que vers le xiiie siècle, mais la chose elle-même existait dès le xie ; c'est une conséquence nécessaire de la constitution féodale. On appelait *mouvance* le rapport du fief dominant au fief servant. L'expression *tam in dominio quam in feodo* est fréquemment employée dans nos chartes. On possède *en domaine* quand on a le domaine utile ; on possède *féodalement* ou en *mouvance* quand on n'a que le domaine éminent ou seigneurial ; *en fief et en domaine* si l'on réunit les deux modes de possession.

Le premier de tous les devoirs du vassal envers son seigneur de fief, c'est une inviolable fidélité. Le vassal ne pouvait aliéner le fief sans le consentement de son seigneur ; il ne pouvait même, dans l'origine, se mettre en possession, en cas de mutation, avant d'avoir rendu hommage à son

dans la *Revue d'Anjou*, année 1899 et 1900, d'après les notes de M. Beautemps-Beaupré).

seigneur et reçu l'investiture, dernier souvenir de l'époque
où la concession du bénéfice n'était que la conséquence et
la suite de la recommandation, de l'engagement d'homme
à homme. Le vassal devait payer à son seigneur un droit
de relief ou rachat en cas de mutation, parce qu'il était
censé racheter ou relever le fief tombé aux mains du seigneur par le décès du titulaire ou l'aliénation qu'il en
avait faite. Le vassal devait, en outre, les aides ou taille
féodale dans les cas suivants : lorsque le seigneur était
armé chevalier, ou faisait armer son fils aîné, quand il
mariait sa fille aînée, ou s'il était fait prisonnier, pour
payer sa rançon. Il y avait aussi les droits de garde au
château, ceux de gîte, d'ost et de chevauchée, etc. Le
service militaire, l'obligation de suivre le suzerain et de
défendre son château étaient des obligations presque toujours imposées au vassal tenant fief (1).

Ce sont là les droits proprement féodaux, dont l'étendue était déterminée par la charte d'investiture du fief. Il
est souvent difficile de les distinguer en fait des droits
justiciers ou seigneuriaux, mais ils n'en sont pas moins
parfaitement différents quant à leur origine. Ceux-ci
s'appliquent à tous les sujets *couchants et levants* sur
l'étendue du territoire de la seigneurie, ceux-là dérivent
du contrat de fief et n'obligent que les possesseurs des
fiefs servants, en vertu du contrat féodal qui lie le vassal
et le suzerain réciproquement l'un à l'autre. On doit
remarquer enfin que les droits de fief sont bien moins
vexatoires que les droits justiciers et ne sont que la com-
pensation de possessions et d'avantages concédés au
vassal. Mais tous les droits d'origine justicière, droits fiscaux de toute nature, droits de viguerie et de prévôté,

(1) Les corvées pour la construction du château, imposées aux
sujets et tenanciers, sont au contraire des corvées justicières dues
au possesseur du château comme seigneur ou gouverneur du pays ;
elles dérivent de l'autorité publique.

droits d'ost, banalités, corvées, etc., ayant été concédés en
fief, on les confondit sous le nom de droits féodaux et
l'opinion enveloppa d'une même réprobation tout ce qui
provenait du régime seigneurial. Nos chartes abondent en
renseignements sur ces matières, mais il est impossible
d'entrer dans le détail de ces mille conventions féodales
variées à l'infini.

On voit, d'après tout ce qui précède, que la terre,
contrairement à l'opinion commune, ne joue qu'un rôle
secondaire dans la constitution de la hiérarchie féodale.
Il arrivait même fréquemment que le seigneur supérieur
ne concédait que des droits de justice à son vassal et que
celui-ci se composait ensuite un domaine par des acquisitions successives. C'est ainsi que les choses se passèrent à
l'origine de la baronnie de Châteaugontier (1). Le vassal
n'avait pas même quelquefois un terrain suffisant pour se
construire un château et se trouvait obligé d'en acheter
un à quelque communauté voisine. Ce n'est pas la concession de la terre, c'est l'inféodation des droits de justice, à
divers degrés, qui a créé la hiérarchie féodale.

3° *Censives : mainfermes*

Le mot *census* désigne une rente ou cens payé par un
fonds de terre à un autre fonds ; mais le cens peut avoir
des origines différentes ; tantôt il est fiscal et appartient
au seigneur justicier en vertu de son droit de viguerie
sur le territoire soumis à sa domination ; tantôt, au contraire, il provient d'une cession de terre faite à telles ou
telles conditions. Nos chartes ont conservé des exemples
de ces deux sortes de cens. La terre concédée en censive
est quelquefois dite *in beneficio,* car ce mot ne s'applique
pas uniquement aux concessions militaires, mais à toutes

(1) *Cartulaire de Saint-Aubin.*

celles qui n'ont pas été faites en pleine propriété. Les églises se trouvaient souvent obligées de céder leurs biens *in beneficio,* moyennant un cens payé par le concessionnaire. Souvent les rois donnaient à leurs vassaux des biens d'église pour lesquels les bénéficiaires payaient un cens au couvent. C'était pour les rois et, après eux, pour les comtes un moyen commode de payer leurs hommes aux dépens du clergé.

Nos chartes mentionnent bien des transactions diverses relatives aux censives ; on y voit des alleux, des fiefs changés en censives, et des censives affranchies devenir des alleux.

La concession d'une terre en censive était tantôt perpétuelle et tantôt à durée limitée pour une, deux ou trois générations ; à la mort du dernier concessionnaire, le bien faisait retour au seigneur primitif. Ces concessions à temps se voient fréquemment dans les actes. Le cartulaire de Saint-Aubin notamment renferme une charte fort curieuse relatant une concession pour trois personnes successivement, moyennant un cens, *more ingenuitatis et militaris manûs* (1). Cette concession est, en réalité, une constitution de fief à temps et non héréditaire ; à cette époque, la distinction du fief et de la censive n'était pas encore bien nette.

Il est aussi quelquefois difficile de reconnaître si les censives mentionnées dans les chartes sont de concession ou de droit fiscal ; les unes et les autres finirent par se confondre ensemble de telle sorte que tout cens fut présumé seigneurial, lorsque la terre n'était frappée que d'un cens unique ; mais, s'il était dû plusieurs cens à la fois pour une même terre, on distinguait alors le chef-cens ou cens seigneurial des autres qui pouvaient avoir un caractère purement foncier. La maxime *cens sur cens ne vaut*

-----

(1) *Cart. de Saint-Aubin,* f° 62, v° ; entre 970 et 977.

n'existait point encore en Anjou au xı^e siècle, car nous voyons des cens et sur-cens concédés par des censitaires à plusieurs degrés. A l'époque de la rédaction des coutumes, au contraire, la censive étant définitivement reconnue comme noble au profit du seigneur dominant et roturière au regard du possesseur du domaine utile, il fut interdit à celui-ci de concéder lui-même à cens ; il ne pouvait concéder qu'à rente foncière et de droit commun.

A l'époque féodale, le possesseur de la censive n'avait qu'un droit limité de propriété, une jouissance plus ou moins précaire ; on voit encore des traces de cette situation dans les coutumes du xııı^e siècle ; mais, dans le dernier état du droit ancien, après la rédaction des coutumes, le censitaire est devenu un véritable propriétaire pouvant transmettre sa terre par tous les moyens de droit commun : vente, échange, testament, dation en dot, succession *ab intestat* ; il peut l'hypothéquer, l'engager, etc. Le *bail à cens* est en réalité devenu une vente, qui fait passer la propriété, le fonds même, aux mains du concessionnaire acquéreur. La censive, sans distinction d'origine, était dans le commerce comme toute autre propriété. On appelait *lods et ventes* le droit payé au seigneur dominant pour la vente des censives. Ce droit est mentionné dès une époque fort ancienne.

Nos chartes, avec les censives, mentionnent les *mainfermes*, concessions temporaires et précaires, soumises aussi au paiement d'un cens en nature ou en argent et à des services divers. La mainferme n'a rien de fiscal, ni de seigneurial, du moins quant à son origine ; elle provient toujours d'une concession de terre faite par un propriétaire à un tenancier, de condition libre ou servile. On ne peut la confondre avec le fief, comme cela arrive quelquefois pour la censive.

On mentionne aussi dans nos documents angevins des

concessions en précaires et en emphytéoses. Au moyen
âge les seigneurs, et surtout les ecclésiastiques, prenaient
tous les moyens possibles pour assurer l'exploitation de
leurs terres en y intéressant les tenanciers ; il fallait
défricher de vastes espaces encore incultes. Mais plus
tard tous ces modes divers d'exploitation tendirent à
s'unifier et les tenures se confondirent sous le nom de
censives. De là est venue chez nous la petite propriété,
fait beaucoup plus ancien qu'on ne le croit généralement,
car elle remonte, en France, aux xiii° et xiv° siècles, et
même plus haut. J'ai trouvé des propriétés subdivisées
par parcelles dès le ix° ou x° siècle. La Révolution de
1789 n'a point créé la petite propriété ; elle l'a seulement
émancipée par l'abolition des droits seigneuriaux ; mais
elle a tout aussi bien émancipé la grande et la moyenne,
en supprimant les fiefs et les devoirs féodaux.

VI

PROPRIÉTÉ DE DROIT COMMUN

1° *Prescription : usufruit*

Les chartes ne renferment pas seulement des renseignements relatifs au droit féodal, mais elles présentent
aussi de précieuses indications sur le droit civil ; ce sont
les seules sources que nous puissions utiliser sur le droit
privé du xi° siècle, à une époque où il n'y avait ni lois
écrites, ni coutumes fixes et ayant force de loi.

On voit, dès le xi° siècle, la distinction de la possession
et de la propriété reconnue par les cours féodales. La
possession, pour être efficace, doit être paisible et non
contestée (*in pace, quietè, sine clamore*), avoir duré
pendant une année révolue (*per annum et diem*). La
prescription trentenaire et plus que trentenaire, d'origine

romaine, est souvent appliquée ; la désuétude par non usage et la dessaisine entraînent la perte des droits attachés à la possession. Des chartes de concession accordent aux moines le privilège de ne pas perdre par non usage et dessaisine les droits à eux concédés.

Le seigneur donateur faisait, en présence de témoins, planter des bornes pour délimiter le terrain donné ; nous voyons aussi dans nos chartes des bornages faits par des experts, soit à l'amiable, soit en vertu d'une décision judiciaire. Le droit de bornage devint ainsi un droit seigneurial.

L'usufruit était admis dans le droit romain ; ce démembrement de la propriété était aussi usité au moyen âge ; il est très différent de ceux dont nous avons parlé ci-dessus, car il résulte de conventions purement privées et ne crée aucun lien seigneurial ou féodal.

Je n'ai trouvé dans les chartes recueillies par M. Beautemps-Beaupré aucun renseignement sur les servitudes prédiales de droit commun.

2° *Contrats*

Les chartes nous font aussi connaître comment se passaient les contrats au moyen âge. Nous trouvons parmi elles un certain nombre d'actes de vente et de promesses de vente, des actes constatant la tradition de l'objet vendu des mains du vendeur à celles de l'acheteur. Cette tradition s'opérait le plus souvent au moyen de cérémonies symboliques : en remettant à l'acheteur une motte de terre, une branche d'arbre, un livre, un étendard, ou tout autre objet.

Nous retrouvons enfin, dans notre contrée, l'usage du *vest* et du *devest*, d'après lequel le donateur ou vendeur se *dévêtissait*, aux mains du seigneur dominant, de l'objet qu'il voulait donner ou vendre, et le seigneur en investissait ou *vêtissait* le donataire ou acheteur. Cet usage, qui existait encore en Anjou au début du xiii° siècle, disparut de bonne heure ; les coutumes officielles ne le relatent plus.

Le vendeur s'engage à garantir l'acheteur ; réciproquement, quand l'acheteur revend il demande l'autorisation du premier vendeur et ainsi de suite en cas de plusieurs ventes successives.

La vente à réméré était très fréquemment usitée au moyen âge ; c'était un moyen de se procurer de l'argent à une époque où le prêt à intérêt était interdit. La terre vendue avec faculté de rachat était le gage du paiement de la somme et le revenu de cette terre tenait lieu d'intérêts.

On faisait aussi des stipulations relatives au droit de préemption ; le vendeur imposait quelquefois à l'acheteur l'obligation de ne revendre qu'à lui ou à ses héritiers. Les couvents vendeurs imposaient souvent à l'acheteur cette clause à leur profit.

Nous trouvons même, quelquefois, de véritables prêts à intérêt, non dissimulés ; les chartes d'Anjou et du Maine en fournissent plusieurs exemples. L'emprunteur se donne lui-même en gage ou en otage ; on voit aussi paraître les Juifs lombards, usuriers qui prêtaient à gros intérêts, précurseurs des spéculateurs *israélites* des temps modernes.

Les chartes nous révèlent aussi un système hypothécaire très rudimentaire, ou plutôt l'emploi fréquent de l'antichrèse, ou gage immobilier. On affectait des immeubles en *vadimonium* au paiement d'une dette. Ce contrat diffère de la vente à réméré en ce qu'il ne transfère pas la propriété de l'immeuble, mais au moyen âge il atteignait à peu près le même but. Puis on voit paraître dans les chartes du xiii° siècle l'affectation générale des biens meubles et immeubles du débiteur au paiement de la

dette (1). Le cautionnement est assez fréquemment usité
et souvent des pleiges ou fidéjusseurs garantissent, même
par corps, le débiteur principal.

Nous avons aussi relevé des exemples de mandats ou
de procurations.

Les actes ont pour témoins des hommes de toute condition. Des prêtres, clercs, moines, des seigneurs, des
chevaliers (*milites*), des écuyers (*armigeri*), viguiers, prévôts, des bourgeois, des paysans (*rustici*), des ouvriers
de divers états et même des serfs assistent aux actes.
Chaque partie produit ses témoins : *de parte nostra, de
parte comitis, de parte episcopi*, etc. Les témoins sont
souvent même censés approuver ou confirmer l'acte auquel
ils assistent.

Nous verrons plus loin l'importance de l'intervention
des parents aux actes de famille. Pour ceux que nous
appellerions aujourd'hui actes administratifs, on faisait
intervenir les *optimates* ou *proceres* du comte, et même
de simples bourgeois notables, *boni homines, saiges et
prudes homes :* ils donnaient leur assentiment à l'acte,
souvent même publiquement en présence du peuple. Les
actes obtenaient ainsi une grande notoriété et étaient mis
sous la protection de la foi publique. Il ne faut pas toutefois confondre cette sorte de *consensus communis*, purement gracieux et de forme, avec le consentement donné
par le seigneur supérieur pour l'aliénation des fiefs ou
des anciennes censives de concession, assentiment rigoureusement obligatoire, nécessaire pour la validité de
l'aliénation et sans lequel elle eût été nulle de plein
droit.

(1) C. C., art. 2093.

VII

DROIT FAMILIAL

1° *Tutelle ; garde du fief*

L'enfant mineur et privé de son père avait, au moyen
âge comme aujourd'hui, sa mère pour tutrice, et *vice
versa ;* nos chartes en fournissent plusieurs exemples.
Nous voyons la tutrice vendre les biens du mineur provenant de la succession de son père, sans formalités de justice ; les mineurs font des donations avec l'assentiment
de leur tuteur ou tutrice et les parents garantissent le
consentement de l'enfant *in cunabulis.* La clause de renonciation, par les parties contractantes, à tout droit de récla-
mation *ratione minoris œtatis* devint même de style vers
le XIII⁰ siècle, comme beaucoup d'autres clauses analogues.

Une charte de 1231 nous montre un tuteur donné par
justice ; à partir du XIII⁰ siècle, il est aussi quelquefois
question de curateurs.

Mais ce qui est fort intéressant à étudier et n'a aucun
rapport ni avec le droit romain, ni avec le droit moderne,
c'est la tutelle féodale. A la mort de son vassal tenant
fief, s'il ne laisse pas un héritier capable d'en faire le service, le seigneur dominant reprend le fief en sa main jusqu'à la majorité du jeune vassal. C'était une application
du principe féodal qui voulait que, pour posséder un fief,
on fût capable d'en faire le service. Puis il s'introduisit un
usage, d'après lequel le suzerain, au lieu de reprendre
lui-même le fief, le remettait provisoirement aux mains
d'un parent du mineur, qui en faisait le service et jouis-
sait des fruits et produits du domaine pendant la minorité
de l'héritier. C'est ce qu'on appelait la *garde noble,* insti-

tution qui amena tant d'abus et souvent même la ruine
des mineurs. On tâcha d'y apporter quelques remèdes
lors de la rédaction officielle des coutumes.

Une autre conséquence du droit du seigneur supérieur
sur le fief était celui de marier sa vassale, héritière d'un
fief. Si elle se mariait sans son consentement, le suzerain
confisquait le fief ; on en trouve des exemples dans les
chartes d'Anjou. On voit aussi la veuve noble tutrice
prendre l'engagement sous serment de ne pas marier sa
fille sans le consentement du roi, comte d'Anjou. L'enquête de 1246 sur les baux du comté constate ce droit ;
mais, réciproquement, le roi ou le seigneur suzerain était
tenu de marier convenablement sa jeune feudataire (*quod
vos potestis et debetis illam maritare de consensu generis*). Le consentement de la famille était en effet nécessaire et faisait contrepoids à celui du seigneur. On en
vint même à poser en principe que l'avis de la famille
l'emporterait, en cas de dissentiment, sur le choix du
seigneur et ferait loi, comme on le voit dans les Établisse-
ments de saint Louis.

Cet usage, qui nous paraît si étrange aujourd'hui, se
justifiait par la nécessité de ne pas donner au seigneur
un vassal qui ne lui eût pas été fidèle ; le vassal devait
être *persona grata*. On sait, du reste, que les rois mérovingiens usaient du même droit pour les filles de leurs
antrustions.

2° *Régime matrimonial*

Les mots *dotalicium*, *dotarium* et même *dos*, désignent
le douaire, c'est-à-dire le don fait par le mari à sa femme
en vue du mariage ; le mot *dos*, d'après les chartes, a
donc un sens très différent de celui du droit romain. On
donnait en *dotalicium* toute espèce de biens : des alleux,
des fiefs, des églises tombées en mains laïques, des
dîmes, etc. Le douaire était dans l'origine conventionnel ;

la quotité était fixée par la volonté des parties ; mais
l'usage s'établit de fixer cette quotité, à défaut de stipulations particulières, à la moitié ou au tiers de la fortune
du mari (1), et l'usage devint loi (*portionem debitam
secundum legem terræ*). Il y eut alors deux sortes de
douaire : le douaire préfix ou conventionnel et le douaire
légal ou coutumier ; cette distinction existait dès les premières années du xiiie siècle.

La femme avait le choix, pour les questions relatives à
son douaire, entre la juridiction séculière et la juridiction
ecclésiastique.

Une convention très fréquemment usitée dans nos
chartes est l'assignation de douaire ; un seigneur ou propriétaire fait un don à une communauté et, pour que la
femme ne vienne pas un jour réclamer son tiers sur le
bien donné, on lui assigne son douaire sur d'autres biens ;
de son côté elle s'engage à ne pas réclamer son tiers sur
le bien donné. La renonciation au droit de douaire devint
même une clause de style qu'à partir du xiie siècle on finit
par insérer dans tous les actes. Le douaire donnait aussi
lieu à des échanges. Une terre ayant été donnée en *dotalicium* au moment du mariage, le mari l'aliène et donne
à sa femme une autre terre en douaire, du consentement
de celle-ci.

On voit encore, aux xie et xiie siècles, la femme disposer
de son douaire, du consentement de son mari et de ses
enfants. Le *dotalicium* qui, dans l'origine, paraît avoir
été un don en pleine propriété, devint un simple usufruit,
et l'on admit parmi les règles du droit coutumier que le
douaire de la mère est propre aux enfants ; c'est une
donation faite en vue du mariage et des enfants à naître,
une sorte de fidéicommis à leur profit ; la mère en a la

(1) On voit dans certains actes le mari donner la moitié, mais les
coutumes officielles d'Anjou ne permettent pas de donner plus du
tiers, entre nobles.

jouissance, mais le fonds à sa mort doit faire retour aux enfants. Le père lui-même dispose quelquefois du *dotalicium*; d'après une de nos chartes, un chevalier partant pour la Terre-Sainte fait de nombreuses dispositions et décide entre autres qu'à la mort de sa femme le *dotalicium* de celle-ci se partagera entre leur fille unique et le frère dudit testateur.

Le bien donné par le père à sa fille en la mariant se nomme *maritagium*; on trouve quelquefois cependant, aux xie et xiie siècles, le mot *dos* employé dans le même sens qu'en droit romain. Comme le *dotalicium*, le *maritagium* tombe dans le commerce; il peut être donné, vendu, échangé avec le consentement du mari, ou même par celui-ci, de l'assentiment de sa femme; les arrangements, tels que vente ou échange, sont fréquents entre mari et femme, pour le *maritagium* comme pour le *dotalicium*.

Outre le *dotalicium* et le *maritagium*, la femme pouvait posséder des biens propres provenant de la succession de ses parents, lorsqu'elle était héritière. Ces biens *de patrimonio uxoris* sont souvent mentionnés dans les chartes et restent distincts des acquêts de communauté. On voit aussi des acquisitions faites par la femme seule, en son nom, avec le consentement de son mari; des acquêts de communauté donnés d'un commun d'accord à des couvents par le mari et la femme, avec réserve d'usufruit au profit du survivant; tous les acquêts assurés à la femme survivante, en usufruit; des dons d'acquêts entre époux, etc.

En ce qui concerne les meubles, chaque époux en avait sa part et pouvait en disposer.

Dans les actes du xiiie siècle on trouve fort souvent des expressions empruntées au droit romain; on y mentionne le S. C. Velléien, la loi *Julia de fundo dotali*, etc. Malgré ces clauses de style applicables à un régime matrimonial tout différent du nôtre, il est facile de voir que, dès

l'époque féodale, le régime de la communauté est le droit
commun de notre région ; les bases sont posées, les principes fondamentaux sont admis par les mœurs et par
l'usage ; le temps en développera les conséquences juridiques.

La puissance maritale paraît très fortement établie au
moyen âge, car on voit dans tous les actes que la femme
ne fait rien sans le consentement de son mari. Le mari
paraît même avoir la possession du bien de sa femme
(*castellum... ex paterno jure ejusdem Mariæ, conjugi
suæ, in Gaufridi devenerat possessionem*) ; mais cette
possession n'est en réalité qu'un droit d'administration
et de jouissance, car le mari ne dispose jamais des biens
de sa femme, sans le consentement de celle-ci. Il y a plus,
la femme intervient dans tous les actes du mari ; elle
sanctionne toutes les donations qu'il fait aux couvents,
toutes les transactions qu'il passe avec eux ou avec d'autres
seigneurs ; la femme est l'associée du mari pour tous les
actes de la vie. En voici un exemple singulier : d'après
une charte, un seigneur de Chemillé fait sanctionner par
sa seconde femme des donations par lui faites avec le
concours de la première. La femme du seigneur dominant intervient aussi aux actes du mari et donne son
assentiment lorsque celui-ci approuve les donations ou
aliénations faites par son vassal, du fief qu'il tient de lui.

En un mot, que la femme soit l'épouse du comte
d'Anjou, celle d'un baron, d'un vavasseur ou même d'un
simple bourgeois, elle a des biens à elle, des droits recon-
nus par l'usage. Si elle est soumise à l'autorité de son
mari, elle n'en est pas moins son associée, elle partage
les acquêts faits en commun ; elle participe à tous ses
actes ; elle a dans la famille une situation honorable et
digne, parfaitement égale à celle que lui accorde la loi
moderne. Il serait temps d'en finir avec les ridicules
déclamations qui nous représentent la femme, au moyen

âge, comme une esclave avilie et dégradée, sans droits dans la famille. C'est tout le contraire de la vérité.

3° *Succession ab intestat*

Les comtes d'Anjou possédaient des biens propres et héréditaires : *quæ mihi jure hæreditario competunt...* Ces biens sont-ils d'origine purement familiale et privée et proviennent-ils de concessions de biens fiscaux faites par le roi à titre allodial ou de bénéfices royaux transformés en biens héréditaires ? Toutes ces hypothèses peuvent se poser.

En ce qui concerne le droit de succession pour les seigneurs inférieurs, nos chartes nous révèlent quelques faits qu'il est intéressant de constater. Les alleux se partagent ordinairement par parts égales en Anjou et dans les provinces voisines, et, *sauf en ce qui concerne les fiefs,* il n'y a pas encore, aux xie et xiie siècles, de droit d'aînesse régulièrement constitué.

A la même époque, il n'y a pas non plus de droit absolu de masculinité ; l'ancien droit salique d'après lequel la fille ne succédait pas à la terre, ou tout au moins à la *terre salique* ou à la *terre aviatique,* était tombé en désuétude (1). Nous voyons, en effet, fréquemment les filles appelées à prendre part à la succession de leurs parents, des femmes propriétaires de terre faire des dons aux couvents. Dans une charte du xiie siècle (1150 à 1168), une femme reconnaît avoir reçu sa part de la succession de ses parents. L'incapacité de la femme à posséder des immeubles, et notamment des immeubles patrimoniaux, n'existait plus au temps dont nous parlons. On voit même des femmes tenant de grandes baronnies. D'après quelques actes toutefois, des sœurs sont dotées

(1) Dès l'époque mérovingienne, on voit même dans le Nord les femmes posséder des immeubles.

par leurs frères, ce qui tendrait à indiquer que, dans les familles où ces faits se passent, les fils avaient recueilli toute la terre.

Des bâtards sont admis à la succession, d'autres sont exclus ; il ne paraît pas qu'il y eût alors de règle bien fixe à cet égard ; ce fut plus tard seulement que la bâtardise devint une cause absolue d'exclusion.

Les chartes nous montrent aussi, dès le xi⁰ siècle, la succession établie entre les frères et sœurs à défaut d'enfants, même pour les fiefs ; pas d'exclusion systématique des filles, pas plus en ligne collatérale qu'en ligne directe.

On succédait non seulement à son père ou à ses frères, mais à ses ascendants et à ses descendants plus éloignés. Les parents héritaient de leurs enfants prédécédés, ce qu'on appelait, dans la langue du droit romain, la *luctuosa hæreditas*. Nous voyons une femme succéder à la dot qu'elle avait donnée à sa fille.

En ce qui concerne spécialement les fiefs, nos chartes montrent combien la succession féodale était encore précaire au xi⁰ siècle, en ligne collatérale surtout. A la mort du vassal laissant un enfant mineur, le seigneur reprend le fief ; nous voyons un enfant noble privé de son fief, *sicut mos est orphanorum*, recueilli et nourri par l'abbaye de Bourgueil. Si le seigneur dominant rend le fief à l'orphelin à sa majorité, cela paraît être un acte gracieux plutôt qu'obligatoire. Ailleurs on voit le suzerain faire de grandes difficultés pour donner l'investiture du fief de l'un de ses vassaux, mort sans enfants, au frère du défunt, parce qu'il avait gravement à se plaindre du postulant.

Les officiers subalternes des seigneuries tendaient à transformer leurs offices en fiefs et à les transmettre héréditairement à leur famille ; on voit même quelquefois le frère réclamer, par droit de succession, l'office de son frère décédé ; mais ces prétentions n'étaient pas toujours accueillies par le seigneur supérieur (1).

Il nous reste à parler du privilège de l'aîné. Le droit d'aînesse, dans notre contrée, n'a rien de patriarcal ; nous avons dit qu'aux xi° et xii° siècles il ne s'appliquait point encore aux alleux ; il est d'origine purement féodale. On voit, il est vrai, souvent le fils aîné intervenir en cette qualité aux actes passés par ses parents : *N. filius primogenitus hoc concessit*, ou concéder des droits de justice à une communauté *tanquam primogenitus*. L'aîné, d'après certaines chartes, hérite du fief du père et, à la mort de l'aîné, le cadet lui succède *in paternum honorem* ; la possession d'un fief est appelée *primogenitura feudi* ; l'aîné est souvent qualifié *primogenitus et hœres*, surtout au xiii° siècle. L'aîné garantit sur son serment l'exécution d'une décision judiciaire par ses cadets. Il est, du reste, fort difficile d'établir une règle précise pour la succession des fiefs avant la première rédaction de nos coutumes, vers le second tiers du xiii° siècle (2).

Une charte-notice fort curieuse, du cartulaire de Marmoutiers, nous fait connaître l'histoire de l'Ile-Bouchard, et nous montre comment, au xi° siècle, les choses se passaient pour la succession d'une baronnie. Le château de l'Ile, en Touraine, appartenait, par droit héréditaire, à un chevalier (*miles*) appelé Hugues, aîné de ses frères, Aimery et Geoffroy. Hugues mourut, laissant son fils en bas âge, du nom de Bouchard, comme son aïeul : *cui adhuc parvulo ipsius castelli hæreditatem moriens dereliquit*. Le comte de Touraine Thibaut se rendit à l'Ile, pour mettre en sa main ledit château et pourvoir à la garde de la forteresse. Mais les hommes d'armes du châ-

(1) Charte de 1044.

(2) On sait que ces premières rédactions sont des œuvres privées et non officielles, et que la première rédaction officielle de la coutume d'Anjou eut lieu en 1411.

teau, craignant que le comte n'en confiât la garde à la mère de l'enfant qu'ils n'aimaient point, ne consentirent à le recevoir dans le château qu'après avoir fourni caution de ne pas en disposer sans leur conseil. Ils reconnaissaient, du reste, que Bouchard, fils de Hugues, était l'héritier légitime : *ipsum puerum supradicti Hugonis filium jus-tum hæredem esse*. Aimery, frère cadet du défunt et oncle de l'enfant, se rend au château et demande au comte Thibault de lui en donner l'investiture ; mais le comte, qui pensait que Bouchard était l'héritier légitime (*qui justior hæres erat*), ne voulait pas le déshériter. Il confia à Aimery la garde de l'héritage de Hugues, mais en qualité de tuteur ou gardien et non à titre héréditaire : *non tamquam hæres, sed tamquam advocatus pueri*, jusqu'à ce que le mineur eût atteint quinze ans. Aimery vint s'établir au château que la mère quitta avec l'enfant. La garde féodale du fief n'enlevait point en effet à la veuve la tutelle natu-relle du mineur ; c'étaient deux institutions absolument distinctes. Aimery renonce au monde au bout de quelque temps, se fait moine et laisse à son frère Geoffroy la garde du château de l'Ile, qui devait durer encore quelques années. Bouchard fut, plus tard, armé chevalier par Thibaut (*quem miles Tetbaldus militaribus armis orna-verat*) et recouvra son château de l'Ile, qui devait prendre de lui le nom de l'Ile-Bouchard ; mais ce ne fut pas sans peine, car Geoffroy résista longtemps et il y eut guerre entre l'oncle et le neveu. Je passe un grand nombre d'in-cidents, inutiles à notre sujet, et je me borne à faire remarquer :

1° Que la succession féodale au xie siècle est encore fort imparfaitement établie et que le seigneur suzerain paraît toujours maître de disposer du fief à la mort du vassal ; la transmission héréditaire de la tenure féodale est plutôt chose d'usage et de convenance que de droit ; elle ne paraît pas obligatoire pour le suzerain ;

2° Que le droit de l'héritier, même direct, est bien précaire s'il n'est pas encore en âge de faire le service du fief.

Dans ce cas, quel sera l'héritier désigné pour recevoir l'investiture ? Le fils ou le frère du défunt ? Le fils, d'après l'usage d'Anjou et de Touraine (1) ; mais cet usage n'est pas encore passé à l'état de loi et n'est pas tellement obligatoire que le frère du défunt ne puisse élever des prétentions. La garde-noble fut adoptée comme moyen terme pour réserver les droits du mineur en assurant le service du fief.

Maintenir l'indivisibilité de la tenure féodale, au profit du seigneur dominant, surtout en ce qui concerne les grandes baronnies, était la raison d'être du privilége de l'aîné, afin de ne pas diviser le service du fief, qui se serait trouvé compromis par le partage. On voit aussi quelquefois cette obligation imposée aux tenures rurales par le seigneur concédant, et cela par un motif analogue ; mais, en ce qui concerne ces tenures, elle a toujours été fort exceptionnelle et ne s'est jamais généralisée.

4° *Donations et testaments*

Tous les modes connus de donation, soit entre vifs, soit à cause de mort, paraissent avoir été usités au moyen âge. Les formules *a die presente, ab hodierna die* sont fréquemment employées dans nos chartes ; nous y trouvons aussi la donation à un couvent, avec réserve d'usufruit au profit du donateur, et *vice versâ*, la donation en usufruit par un couvent, avec retour à la communauté donatrice au décès du bénéficiaire.

D'après une charte, un donateur donne la moitié de son bien dès à présent et le reste après sa mort. La dona-

---

(1) A Thouars, et dans une partie du Bas-Poitou, on admit pour les fiefs la succession de frère à frère.

tion *post mortem* est souvent usitée ; mais il faut observer
que ces actes de disposition ne sont pas de véritables
testaments révocables jusqu'au jour du décès ; ce sont des
donations fermes avec réserve d'usufruit au profit du
donateur. Très souvent les donations sont faites conjoin-
tement par le mari et par la femme, par le père, la mère
et les enfants, par la famille entière.

La donation pouvait porter sur des biens à venir : *quæ
ratione caduci vel successionis vel alias eidem de jure
de cætero poterunt devenire* (1), ou sur des biens présents
et à venir à la fois. A l'époque des croisades, des conventions très variées intervinrent souvent, en vue des chances
de mort ou de retour, entre les croisés et leurs familles.
Ces conventions rentrent dans la catégorie des institutions contractuelles, si libres dans le haut moyen âge, si
restreintes depuis.

Le droit coutumier n'admet pas l'institution d'héritier,
base du testament et sans laquelle il serait nul, d'après le
droit romain. Nous lisons cependant cette phrase, dans
une charte du xiᵉ siècle : *de suis rebus hæredem esse
constituit* ; dans une autre du même siècle (1056-1060)
un seigneur n'ayant pas d'enfants donne au mari de sa
nièce (2) toute sa fortune, tant ses fiefs que ses autres
biens : *fecit hæredem de suis fevis et aliis rebus* ; d'après
les deux chartes, les biens donnés déjà à des couvents
sont exceptés du legs universel.

Le testament proprement dit se trouve assez rarement
au moyen âge ; on possède cependant quelques testaments émanés du clergé, mais il est souvent difficile de les
distinguer des donations *mortis causâ*. Nous citerons
celui d'Haganon, chanoine de Saint-Martin, en 819, publié

(1) Charte de 1243.
(2) Il me semble probable que la donation n'est faite au nom du
mari qu'à cause de la puissance maritale et que la véritable donatrice est la nièce du donateur.

par D. Martène. Il renferme des dispositions fort curieuses ;
le testateur, après avoir fait divers dons à son couvent,
ajoute : *Constituimus hæredes post obitum nostrum
Dodonem videlicet fratrem nostrum in villâ Blidrico...
et omnis ejus agnatio post eum per legitimos successores
ordinatione nati..* ; il donne un autre bien à Aganard et
à sa légitime agnation ; — Hungafert recevra tel autre
domaine, *et Hunoldus, frater ejus, post eum et deinde
singuli fratres eorum per ordinem nativitatis suæ, ac
similiter per successiones legitima eorum progenies...*

L'auteur de ce testament établit ici la loi de la transmission de ses biens pour ses légataires et leurs successeurs ;
il adopte le système de la transmission de frère à frère,
que nous voyons plus tard établi par la coutume dans
certaines seigneuries du Poitou.

Le testament, sous l'influence du droit romain, prit
plus d'extension vers le xiiie siècle, mais il fut toujours
beaucoup moins en faveur dans les pays coutumiers que
dans ceux de droit écrit.

La distinction des propres et des acquêts est mentionnée dans les formules dès l'époque mérovingienne ; elle
se retrouve fréquemment dans les documents des xie et
xiie siècles. Nous verrons ci-après les restrictions mises à
la faculté de disposer des propres, mais on pouvait plus
facilement donner les acquêts : *et quia sua emptio erat
poterat eam dare cui volebat, sine ullâ contradictione,*
lit-on dans une charte du xie siècle.

Il en était de même des meubles ; une femme appelée
Hadoïse avait deux filles ; l'une se fait religieuse au Ronceray et l'autre se marie ; puis la mère entre aussi en reli-
gion et donne tous ses biens, meubles et immeubles, à
l'abbaye du Ronceray. La fille mariée et son mari
réclament ; la cour du comte Geoffroy Martel leur accorde
la moitié de la succession immobilière, mais confirme la
donation en ce qui concerne les meubles (*pecuniam mobi-*

lem... seu mobile) ; ce qui nous montre que le droit de
disposer des meubles était absolu.

Une charte de 1060, du cartulaire de Saint-Aubin, mentionne une exhérédation prononcée contre une fille pour
cause d'inconduite. D'après la coutume, cette exclusion
ne pouvait résulter que d'une exhérédation en forme ;
elle devait être prononcée par le chef de famille et ne
pouvait être demandée en justice par les intéressés. Nous
voyons cependant un exemple du contraire, dans une
charte de 1216. Un combat judiciaire fut ordonné et le
champion de la défenderesse vaincu ; mais on ne dit pas
que la fille eût été exclue par testament.

5° *Intervention des héritiers présomptifs aux actes d'aliénation*

Il était d'usage, au moyen âge, de faire intervenir les
héritiers présomptifs aux actes passés par leurs parents,
soit que l'on considérât alors la famille comme coproprié-
taire des biens patrimoniaux, soit par simple mesure de
précaution prise par les donataires ou acquéreurs contre
les réclamations des héritiers. La famille, la parentèle,
gardait encore au xi° siècle quelque chose de l'ancienne
solidarité germanique ; ses membres agissaient conjointe-
ment en justice, comme nous le voyons dans une charte
de Saint-Aubin.

Cette intervention de la famille se retrouve partout
dans les chartes. On requérait le consentement, non
seulement des fils, mais aussi des filles du donateur, sans
aucune distinction, *cum filiis et filiabus.* Lorsqu'il y a
un héritier mineur, on se porte fort pour lui, et il ratifie
l'acte à sa majorité. Il arrive souvent que les moines font
un cadeau à l'héritier pour obtenir sa ratification. On
voit aussi la ratification donnée par un enfant posthume,
par les enfants d'un premier lit du donateur, voire même

par un enfant naturel. Non seulement les enfants, mais tous les descendants figurent au bas des actes, ainsi que la femme. Le père, la mère, les ascendants, les frères et les sœurs du donateur, viennent aussi donner leur consentement aux actes d'aliénation. La famille est même quelquefois mentionnée en bloc : *assensu fratrum suorum et uxoris suæ et filiorum suorum et omnium suorum aliorum hæredum.* Mais le consentement des collatéraux n'est nécessaire qu'à défaut d'héritiers directs : *qui hæc hæreditario jure haberent si sine hærede moreretur* (1).

L'intervention des héritiers est la loi générale ; elle est en vigueur à tous les degrés de l'échelle sociale ; les comtes et les grands feudataires lui font appel, comme les plus modestes vavasseurs. Elle était nécessaire non seulement au donateur du domaine utile, mais au seigneur dominant, lorsqu'il autorisait une donation ou une vente passée par son vassal. La famille du suzerain immédiat intervenait pour confirmer l'autorisation seigneuriale, comme celle du vassal donateur ou vendeur pour confirmer la cession du domaine utile. On voit même quelquefois intervenir les vassaux de celui qui passe l'acte ; il y a solidarité à tous les degrés de la hiérarchie féodale.

Le consentement donné aux actes par la famille était obligatoire et souvent on lit dans les chartes des réclamations élevées par les parents qui n'avaient pas comparu : *super quibusdam donationibus quas pater ejus absque illorum consensu, ut dicebant, fecerat... dicens se non auctorisavisse venditionem patris sui...* Ces formules sont faites pour étonner les économistes qui se plaignent que le Code civil ait amoindri la puissance paternelle.

L'intervention familiale s'appliquait tant aux actes onéreux qu'aux actes gratuits ; les héritiers présomptifs figurent aux ventes comme aux donations.

(1) *Hæres* signifie héritier direct, descendant.

Le droit de s'opposer aux aliénations de biens propres n'appartenait, toutefois, qu'aux héritiers présomptifs de la ligne à laquelle appartenaient les biens aliénés. C'est ce que nous voyons dans la charte de Fréducia de Montoire, qui donna aux moines de Vendôme ses biens provenant du côté paternel, parce qu'elle n'avait pas de parents dans cette ligne, et réserva pour Drogon de Montoire, son cousin du côté maternel, les biens provenant de la ligne maternelle (1).

L'intervention directe des héritiers était encore en vigueur aux premières années du xiiie siècle (2) ; mais l'usage devait lui substituer le retrait lignager, mentionné dès 1234, usage en vertu duquel les héritiers présomptifs pouvaient, dans le délai d'un an, recouvrer les biens de ligne vendus en remboursant le prix principal et les frais (3). Mais le retrait lignager ne s'appliquait qu'aux actes onéreux. Pour remplacer l'intervention directe des héritiers en ce qui concerne les actes gratuits, testaments, donations, soit entre vifs, soit *mortis causâ*, on introduisit vers la même époque la réserve coutumière. Le propriétaire pouvait encore disposer de ses meubles et acquêts, mais d'une part très restreinte seulement des propres de ligne. Le surplus était assuré à la famille, même collatérale. Ce système mit fin aux nombreuses difficultés auxquelles donnait lieu l'obligation de convoquer les héritiers présomptifs à tous les actes de la vie civile.

(1) Galland, *Franc alleu*, p. 25.

(2) Charte de 1213, de Saint-Vincent du Mans ; — de 1222, du *Cartul. de Vivoin*, f° 64 ; — de 1239. Arch. de la Sarthe, H. 84. — *Cartul. de Perseigne*, 1231, etc.

(3) Charte originale de la Couture 1234 ; Arch. de la Sarthe $\frac{\text{H-2}}{1}$ n° 23. — Il paraît résulter de la comparaison de ces différents textes qu'au xiiie siècle les deux systèmes ont coexisté pendant un certain temps.

VIII

JURIDICTIONS

1° Cours féodales

Dans un grand nombre d'actes, le comte d'Anjou nous apparaît entouré de ses barons et officiers et même de simples *boni homines*, témoins des actes de juridiction gracieuse auxquels ils donnent leur assentiment. Il en est de même pour la juridiction contentieuse.

La cour du comte est la juridiction suprême pour la province ; le comte juge avec l'assistance de ses barons, *vassi dominici, curiales,* les contestations qui lui sont soumises. On voit aussi la comtesse d'Anjou siéger près de son mari et même le suppléer en cas d'absence et présider la séance. Il est difficile, toutefois, de savoir si les barons ou assesseurs avaient voix délibérative ou seulement consultative et s'il faut prendre à la lettre la formule : *sic judicaverunt omnes barones qui ibi affuerunt*, car dans plusieurs actes les assesseurs ne paraissent être que de simples témoins : *videntibus et audientibus...* Il faut remarquer, toutefois, que, lorsque la décision de l'affaire était remise au jugement de Dieu, duel ou ordalie, les juges n'avaient plus qu'à constater un simple fait matériel, dont ils étaient témoins, et dont le résultat entraînait nécessairement la décision du procès.

Lorsque l'évêque juge, il est aussi assisté de ses fidèles, clercs ou laïques : *per consilium bonorum virorum fidelium meorum clericorum pariter ac laicorum,* tant pour les jugements que pour les actes de juridiction gracieuse. Les cours des évêques du Mans et de Chartres étaient composées, comme celle de l'évêque d'Angers, de leurs clercs et de leurs vassaux laïques.

4

Ce mode de jugement se retrouve dans les cours féodales à tous les degrés. A la cour du vicomte de Thouars on jugeait aussi *per judicium vice comitis et baronum illius*, et de même dans les juridictions d'ordre secondaire. Les barons du comte d'Anjou jugeaient avec leurs propres *vassi* ou barons : *congregatis suis baronibus in curia sua*, est-il dit dans une charte de 1104, relative à un jugement rendu par Robert des Roches. Nous trouvons dans nos actes des jugements analogues émanés des cours féodales de Chemillé, Beaupréau, Champtoceaux, Château-du-Loir, Château-Gontier, Château-Renaud, le Lude, Beaumont. On se rappelle que les mots *baron* et *vassal* n'avaient encore à cette époque qu'un sens relatif ; on était le baron, c'est-à-dire le vassal, l'homme de tel ou tel seigneur supérieur. Le mot *barones* est souvent remplacé par *milites* : c'étaient les chevaliers ou hommes d'armes tenant directement un fief du seigneur dominant.

Certaines chartes relatent même l'obligation formelle pour le sénéchal, qui tient la place du seigneur, de ne juger qu'avec l'assistance des *milites* (1). On sait du reste que le devoir d'assister son seigneur féodal en justice était rigoureusement obligatoire pour le vassal tenant fief, comme celui de le suivre à la guerre.

Nous trouvons souvent aussi, pour les matières mixtes ou intéressant les propriétés des couvents, certains jugements rendus d'accord par les évêques et les comtes assistés de leurs conseils, et même des sentences rendues par des assemblées composées de plusieurs évêques ou abbés. C'est ainsi que fut décidée, en 1074, une contestation entre Saint-Aubin et Saint-Serge au sujet de la *curtis* et de l'église de Champigny (2). Ces jugements prennent

(1) *Non poterit senescallus tenere placitum sine legiis et legitimis militibus domini ejusdem castelli, qui fide qua domino tenentur fideliter judicabunt.* (Vers 1213. *Cartul de Chemillé.*)

(2) Champigny-la-Palène, près Saumur.

alors le caractère d'arbitrage. Beaucoup de décisions relatées dans nos chartes sont de véritables sentences arbitrales.

2° *Officiers seigneuriaux*

Le premier et le plus important des officiers seigneuriaux est le sénéchal, qui représente le comte et occupe sa place à la cour féodale ; il figure souvent dans les actes passés par le comte, dès le xie siècle. Cette fonction fut même donnée en fief par Arthur, duc de Bretagne, en 1199, à Guillaume des Roches, qui était, en quelque sorte, devenu comte d'Anjou. Le sénéchal est quelquefois appelé *præfectus*, et l'office de la sénéchaussée *præfectura*, ou *mairerie*. Les évêques, les abbayes et même les barons avaient aussi leurs sénéchaux (1). On mentionne le sénéchal de Brissac vers 1150.

A côté des sénéchaux figurent les baillis, mais ils ne paraissent qu'à une époque un peu plus récente. Au xiiie siècle, nous voyons des baillis siéger à Tours, Angers, Montcontour, Loudun, Saumur ; il y avait aussi des baillis dans les juridictions inférieures. Le bailli est quelquefois appelé *villicus*.

Un procureur du roi figure dans un acte de 1352. Dès cette époque, on tendait à constituer un ministère public près des juridictions royales ou féodales.

Les prévôts, *præpositi*, sont mentionnés dans les *formules angevines* dès le viie siècle ; on ne doit pas s'étonner de les retrouver à l'époque féodale. Ils signent souvent les actes avec le sénéchal. Les noms sous lesquels ils sont désignés sont assez confus ; les termes *præfectus*, *prætor*, *proprætor*, *præses*, que l'on rencontre dans plusieurs chartes, sont équivoques et l'on ne sait pas toujours s'ils

(1) M. Beautemps-Beaupré a consacré un grand travail aux sénéchaux d'Anjou, dans ses *Institutions judiciaires*.

doivent s'appliquer au sénéchal ou au prévôt. Mais des
chartes plus précises permettent d'établir la suite des
prévôts d'Angers à partir de l'an 1040 (1). Les comtes
d'Anjou avaient des prévôts à Angers, Baugé, Saumur,
Loudun ; il y avait aussi des prévôts à Tours, Loches,
Vendôme. Les évêques, les abbés, les seigneurs inférieurs
avaient leurs prévôts. Les fonctions de ces magistrats
n'étaient pas purement judiciaires, elles étaient aussi
financières ; ils recueillaient les revenus seigneuriaux. On
voit souvent les prévôtés concédées en fief et même à titre
héréditaire (2).

Le terme de *ministri* s'appliquait d'une façon générale
à tous les officiers du comte et de ses barons : prévôts,
sergents, forestiers et segréiers, veneurs, etc. Puis
viennent les officiers du palais : le *dapifer,* le *comes sta-
buli,* le *cancellarius,* le *camerarius* (échanson, pannetier,
connétable, chambellan) etc. Tous ces officiers ou fonctionnaires sont à chaque instant mentionnés comme
témoins dans les actes des comtes et de leurs vassaux ; je
pense que ces divers personnages sont ceux désignés sous
le titre générique de *curiales* (hommes de cour).

Les viguiers du comte figurent à côté des prévôts.
Angers avait encore son viguier au xie siècle ; citons
notamment *Berno, vicarius andegavensis civitatis* (3).
Yves et Gauthier, *vicarii comitis,* ayant soulevé une contestation contre le Ronceray, sont déboutés de leur
demande par Robert Maréchal, *qui tunc temporis erat
Andecavis præpositus,* vers 1067 (4). Ce qui montre que

(1) M. Beautemps-Beaupré avait rédigé de petites notices sur les
prévôts d'Angers, que j'ai publiées dans la *Revue de l'Anjou,* 1901.

(2) Je ne parle pas ici des juges de prévôté, dont l'institution est
postérieure à l'époque qui nous occupe et dont M. Beautemps-Beaupré
a très complètement traité dans ses *Institutions judiciaires.*

(3) 1065-1082 ; *cart. S. Sergii.*

(4) *Cartul. du Ronceray.*

les deux fonctions ont existé simultanément et permet de supposer que les prévôts du comte étaient d'un degré plus élevé que ses viguiers dans l'ordre judiciaire.

On est étonné de voir à l'œuvre cette multitude de fonctionnaires dont les attributions étaient mal délimitées, rentraient les unes dans les autres et faisaient souvent double emploi, ce qui amenait de perpétuels conflits, dont nos documents ont conservé le curieux souvenir.

IX

PROCÉDURE

1° Introduction d'instance

Lorsqu'on voulait intenter une action en justice, on portait plainte au comte, ce qui s'appelait *clamare, querelam deponere,* et aussi *adramire,* comme au temps de la loi salique. Sur cette plainte du demandeur, le comte ou son représentant faisait appeler le défendeur : *vocavit comes... ire mandavit... ad se venire præcepit comes.* L'appel en justice pouvait se faire aussi amiablement et *sine clamore :* on voit, en effet, dans certains documents les moines d'une communauté faire inviter par l'un d'eux les moines d'une autre communauté à se présenter devant le comte pour vider leur différend.

Les parties convoquées, le comte fixe un jour pour exposer ou plaider l'affaire ; au jour dit, *ad diem determinatum.* les parties comparaissent ; si la cause ne paraît pas en état de recevoir jugement, si la cour juge nécessaire de faire la preuve, on fixe un jour pour cette preuve de laquelle doit souvent dépendre le résultat du procès. Nous voyons déjà dans la procédure du xiᵉ siècle le jugement préparatoire et le jugement interlocutoire.

On rendait aussi des jugements ou ordonnances de
réassignation en cas de défaut. Hamelin d'Antenaise avait
été cité à comparaître devant le sénéchal d'Anjou par les
moines de Marmoutiers. Au terme fixé, il ne comparaît
pas, ni personne pour lui (1) ; on le réassigne, il ne
comparaît pas davantage ; puis le sénéchal le fait assigner
de nouveau par lettres *et per duos prudentes viros*, qui
jurent avoir remis les lettres. On le prévient enfin que, s'il
ne comparaît pas, il sera procédé en son absence comme
en sa présence ; ce qui fut fait. Ceci résulte d'une charte
de 1162, qui nous montre qu'à cette époque on ne jugeait
pas les gens sans les entendre, ou du moins sans les avoir
mis à plusieurs fois en demeure de se défendre (2) ; on
devait plus tard restreindre le nombre des réassignations
en cas de défaut (3).

Nos chartes nous montrent aussi l'usage en vigueur de
fournir des gages ou pleiges en justice pour garantir la
comparution de la partie ou l'exécution du jugement. Les
parties ne pouvaient pas se retirer de la cour sans autorisation, à peine de perte du procès et de condamnation au
paiement de l'amende légale (4).

On pourrait relever dans ces mêmes documents bien
des détails intéressants sur diverses procédures spéciales :
l'emploi de la *montrée* ou descente sur les lieux en usage
dès le xii⁰ siècle ; l'appel du garant en cause, en cas de
vente notamment ; dès la même époque, l'exception tirée
de la violence de la possession et l'application de la maxime
spoliatus ante omnia restituendus, etc. (5).

(1) *Nec affuit, nec mandavit.*

(2) Arch. de la Sarthe, $\frac{\text{H-46}}{1}$, n° 1.

(3) Voir à cet égard les anciens styles d'Anjou publiés par M. Beautemps-Beaupré et le style de Touraine de 1463 que j'ai moi-même publié.

(4) C'est ce que nous appelons aujourd'hui *faire défaut faute de
conclure*.

(5) Comparez : C. Pr., art. 175 et suiv.. 295 et suiv. ; — C. C.,
art. 2233 ; — C. Pr., art. 23 et suiv.

2° *Preuves en justice*

Les moyens de preuve fournis en justice étaient nombreux au moyen âge ; ce serait une grosse erreur de croire que le duel fût la seule preuve alors usitée. La meilleure preuve était la production d'un acte écrit, quand les parties pouvaient le faire : *per cartam, per scripta* ; ce moyen est souvent mentionné par nos documents. Il y avait en second lieu la preuve testimoniale, qui était parfaitement usitée au xie siècle, comme à l'époque franque. L'usage très fréquent de la preuve testimoniale est prouvé par de nombreux documents de ces deux époques. On pouvait aussi, dans certains cas, faire preuve par serment. Il n'était fait appel à l'ordalie ou au duel qu'à défaut de preuves par écrit ou par témoins.

L'ordalie est quelquefois appelée *lex aperta* : la plus usitée des épreuves judiciaires était celle par l'eau bouillante très souvent relatée dans nos chartes : on employait aussi l'épreuve par le fer chaud. L'ordalie s'exécutait publiquement, au lieu et au jour déterminés par le juge en son jugement interlocutoire.

Le duel était de même ordonné sur la demande de l'une des parties ou même d'office publiquement au jour indiqué ; le délai n'est pas toujours le même, il n'est quelquefois que de huitaine. Dans la plupart des duels judiciaires, les champions sont armés seulement de bâtons et de boucliers ; très rarement nous y voyons figurer des cavaliers. On avait souvent recours au duel pour des contestations entre couvents et laïques et même entre deux couvents ; mais on trouve aussi dans les chartes des protestations émanées du clergé contre cet usage barbare. Les ecclésiastiques demandent la preuve par serment, tandis que les laïques veulent recourir au duel, notamment pour contestation sur un jugement attaqué. Il arrive aussi que l'on recule au moment du duel ou de l'ordalie ; le demandeur se désiste et l'affaire est terminée par une transaction. L'une des parties en cause laissait quelquefois l'option à son adversaire sur la preuve à fournir ; le demandeur offre de faire preuve par tel moyen qu'il lui sera prescrit : duel ou ordalie.

Ces moyens de preuve étaient usités en toute matière civile ou criminelle : propriété, possession, gage, état des personnes (liberté ou servitude), droits d'usage ou de viguerie, chasse, successions, donations, sincérité d'un témoignage, authenticité d'un acte, dispositions d'un jugement, poursuite criminelle, etc.

Tels étaient les moyens de faire preuve, barbares sans doute, auxquels on avait recours, mais seulement pour suppléer à des preuves plus probantes et moins meurtrières. Les ordonnances de saint Louis devaient, au xiiie siècle, restreindre l'usage du duel et les canons de l'Eglise condamner le duel et interdire les ordalies (1).

Le droit d'ordonner le duel judiciaire ou l'ordalie, d'y présider, d'en régler les conditions, de désigner le lieu et de bénéficier des amendes, confiscations et profits divers qui pouvaient en provenir pour le seigneur justicier, donnaient lieu à de nombreuses difficultés et, par suite, à des transactions entre les intéressés. Un grand nombre de chartes relatent des arrangements de cette sorte, ainsi que les concessions faites par les rois, comtes ou hauts justiciers, aux communautés religieuses, pour les profits résultant des duels ou ordalies. Les droits du concessionnaire étaient plus ou moins étendus, suivant les conditions ou restrictions mises par le concédant.

Les viguiers et les prévôts figurent souvent comme intéressés dans ces actes, car ils profitaient des droits de justice dans un grand nombre de cas.

____

(1) G. d'Espinay, *Influence du droit canonique*, l. ii, ch. 7, p. 221, et suiv.

3° *Jugement*

Lorsque la preuve est faite et la cause entendue, le jugement est rendu par le président, c'est-à-dire par le comte ou son représentant *jussu comitis* ; mais il est difficile de se rendre compte bien exactement du rôle des assesseurs, qui sont à la fois témoins et approbateurs du jugement.

Il arrivait souvent que l'une des parties, reconnaissant n'avoir pas droit, se désistait ; il survenait alors une transaction dont les juges étaient témoins.

On ne voit pas qu'il y eut dès lors un greffe constitué régulièrement, car souvent les jugements étaient contestés. Dans ce cas, la partie faisait appel à la mémoire des juges et demandait que la cour fût convoquée à nouveau, ce qu'on appelait *faire record de cour*. Les communautés qui obtenaient un jugement en leur faveur étaient dans l'usage de consigner par écrit ce jugement et de le transcrire dans leurs cartulaires. C'est grâce à ces transcriptions qu'il nous est possible de connaître la procédure du moyen âge.

La partie condamnée n'acceptait pas toujours le jugement ; aussi, voit-on des juges offrir de défendre leur sentence par tous les moyens de preuve, et même par les armes.

Les chartes nous révèlent enfin certains actes de violence, certaines mainmises extra-judiciaires, condamnées, non pour elles-mêmes, mais parcequ'elles ont été commises sans avoir prévenu l'adversaire, *sine clamore*. La guerre privée était encore légale aux xi° et xii° siècles, pourvu qu'on y mît les formes. Nous voyons les parties belligérantes entourées de toute leur famille, parents, amis, serviteurs, comme au temps de Grégoire de Tours ; les mœurs franques n'avaient pas encore disparu.

Il nous est impossible d'entrer dans tous les détails de

la procédure du moyen âge. Nous constatons seulement, d'après nos documents, que, dès les xi° et xii° siècles, il existait un système de procédure très complet et présentant aux parties litigantes des garanties sérieuses, même pour les gens de condition inférieure. L'influence du droit romain et des universités devait, aux xiv° et xv° siècles, donner aux formes de la procédure un développement considérable et créer un système compliqué et méticuleux qui ruinait les plaideurs sous prétexte de les protéger.

4° *Droit pénal*

La procédure criminelle suivait les mêmes errements que la procédure civile. Lorsque la partie plaignante poursuit elle-même, elle fait assigner le défendeur à comparaître devant le seigneur supérieur ; il y a terme fixé pour faire la preuve ; au jour dit on comparaît ; il y a enquête et, au besoin, duel ou ordalie ; puis le jugement est rendu, comme en matière civile, par le comte ou le seigneur justicier, assisté de ses barons ou *milites*. Toutefois, je ne vois pas de règles bien fixes ni de garanties bien sérieuses en matière criminelle, et souvent des arrestations sont ordonnées et exécutées d'une façon plus ou moins arbitraire.

L'application des peines me paraît laissée à l'arbitraire du juge ; on trouve cependant quelques renseignements sur les usages plutôt que des règles fixes à cet égard. Il est souvent question de confiscations et d'amendes ; nous voyons aussi imposer au coupable l'amende honorable, lui infliger la fustigation ; les seigneurs justiciers réclament le droit de mutiler et de pendre leurs justiciables. En somme, les chartes sont assez pauvres en ce qui concerne le droit pénal ; mais on y trouve cependant quelques renseignements précieux sur cette matière si obscure et si peu connue.

L'étude des chartes peut donc suppléer, jusqu'à un certain point, à celle des lois absentes et nous faire connaître comment la société était régie, gouvernée, jugée, rançonnée aux x1ᵉ et x11ᵉ siècles ; à cette époque, le droit tout entier dépend des conventions ; on pourrait l'appeler avec justesse *droit contractuel*.

Nos documents nous montrent l'organisation féodale à ses débuts ; nous la voyons se développer, s'étendre, envelopper de son réseau les personnes et les terres, et couvrir peu à peu toute l'étendue du pays. Nous découvrons dans les chartes les premiers linéaments du droit coutumier ; si les usages de ce temps sont encore bien rudimentaires, les principes juridiques bien vagues et incertains, on peut dire cependant que, dès le x1ᵉ siècle, les grandes lignes de ce droit commencent à se dessiner et à sortir du chaos et de l'obscurité. Les travaux des jurisconsultes des x111ᵉ et x1vᵉ siècles préciseront ces principes, en développeront les conséquences et prépareront la grande réforme des xvᵉ et xv1ᵉ siècles (1).

X

PIÈCES JUSTIFICATIVES

Nous avons dit que l'ouvrage de M. Beautemps-Beaupré devait comprendre deux parties : un exposé et des pièces justificatives. Nous avons parlé des notes et extraits

---

(1) On peut diviser l'histoire du droit coutumier en trois périodes : 1ᵒ époque contractuelle, du xᵉ au x1ᵉ siècle ; 2ᵒ époque coutumière proprement dite, comprenant les x111ᵉ. x1vᵉ et xvᵉ siècles, jusqu'à l'ordonnance de Montils-les-Tours, pendant laquelle les coutumes non rédigées ne sont encore constatées que par les écrits privés des jurisconsultes ; 3ᵒ époque législative, à partir de l'ordonnance de Montils-les-Tours ; les coutumes rédigées et votées officiellement, sanctionnées par le pouvoir royal, prennent le caractère de véritables lois provinciales.

destinés à la rédaction de l'exposé ; il nous reste à dire quelques mots sur les pièces justificatives rassemblées par notre auteur. Ce sont des chartes copiées, soit *in extenso*, soit par grands extraits. Ces documents sont divisés en deux séries intitulées, l'une : *Preuves des Coutumes*, l'autre : *Comtes d'Anjou*.

Il n'y a pas entre les deux séries une ligne de démarcation bien tranchée. La plupart des chartes des comtes d'Anjou portent la signature des comtes d'Anjou, du Maine, de Touraine ou de Blois, mais beaucoup de chartes de la série des Preuves portent aussi les signatures des comtes. D'autre part, beaucoup de chartes de la série des comtes pourraient, comme celles de l'autre série, être utilisées pour l'histoire du droit. Toutefois les notes ajoutées par M. Beautemps-Beaupré paraissent établir que son intention était d'employer l'une des séries à des études historiques sur les comtes d'Anjou, et l'autre à l'étude des origines du droit angevin.

La série *Preuves* comprend onze cent cinquante-huit chartes ou grands extraits, de l'an 990 à l'an 1506, répartis en quatre cartons (1). La série *Comtes* comprend neuf cent trente-quatre chartes, de l'an 924 à l'an 1203, réparties en trois cartons, et, en outre, des notes et extraits intercalés. Il faut ajouter à ces chiffres : 1° tous les documents classés par M. Beautemps-Beaupré dans les dossiers destinés à la rédaction de l'Exposé ; 2° deux cartons d'extraits de chartes d'origines et de dates diverses, du xe au xvie siècle, sur plusieurs matières de droit et d'administration, se montant à plusieurs centaines ; 3° un grand nombre de fiches prises sur des originaux, au Trésor des chartes.

Tous ces documents sont tirés des dépôts, collections et recueils suivants :

(1) Parmi lesquels trente-deux extraits des registres de Jean Fournier.

Archives nationales, trésor des chartes ; — archives de Maine-et-Loire ; — de la Sarthe ; — bibliothèque nationale, ms. lat. 5419, 5441, 5442, 5444, 5446, 5474, 5480, 9067, 13820, 17049 ; — bibliothèques municipales d'Angers, Le Mans, etc. ;

Collection D. Housseau ; — collection Gaignères ; Besly, *Hist. des comtes de Poitou :* — D. Morice, *Preuves de l'histoire de Bretagne :* D. Martène, *Thesaurus anecdotum :* Ménage, *Histoire de Sablé ;* Baluze, *Miscellanea ;* Le Corvaisier, *Hist. des églises du Mans :* D. Briant, *Collectanea cenomannensis :*

Les Cartulaires de Saint-Aubin d'Angers, de Saint-Florent de Saumur, Saint-Serge, Le Ronceray, la Trinité de Vendôme, Saint-Nicolas d'Angers, Fontevrault et le *Clypeus nascentis Fontis Ebraudi :* le Cartulaire et les archives de Saint-Maurice d'Angers, de Toussaint, de La Haye-aux-Bonshommes, ceux de Marmoutiers et des prieurés de Marmoutiers, en Anjou, Touraine, Vendômois (1) ; les archives de Saint-Martin de Tours, les Cartulaires de Noyers et de Cormery, les fragments de chartes de Saint-Julien de Tours, découverts par M. de Grandmaison (2) : les Cartulaires des évêques du Mans, de l'abbaye de La Couture, de Saint-Vincent du Mans et le *Liber controversiarum sancti Vincentii cenomannensis,* le Cartulaire de Vivoin, ceux de la Roë, de l'Abeillette, de Saint-Victeur du Mans, de Perseigne ; les titres de Mellinais (3) ;

Les archives de Nyoiseau, du comté du Lude, de La Boissière, du duché de La Vallière (collect. D. Housseau) ;

(1) Plusieurs Cartulaires angevins ont été publiés par MM. Marchegay, C. Port, Bertrand de Broussillon.

(2) Ils ont été publiés par la Société archéologique de Touraine.

(3) Le Cartulaire de Vivoin a été publié par l'abbé Denys ; celui de saint Victeur par MM. de Farcy et Bertrand de Broussillon ; celui de Perseigne par M. Fleury ; celui de Saint-Calais par l'abbé Froger.

les registres de la Chambre des comptes, le Cartulaire de Philippe-Auguste, etc.

Beaucoup de pièces ont été copiées de première main aux archives nationales ; celles du 4ᵉ carton des Preuves, de 1459 à 1506 notamment, ont presque toutes été transcrites sur les originaux du Trésor des chartes.

On est justement effrayé quand on considère l'immensité des recherches faites par M. Beautemps-Beaupré sur les origines du droit de l'Anjou et que l'on parcourt la masse de documents qu'il avait rassemblés de tous les côtés (1). S'il avait assez vécu pour rédiger toutes ses notes, il nous eût fait connaître à fond la vie juridique de l'Anjou avant la rédaction des Coutumes ; c'eût été le couronnement du vaste édifice par lui élevé à l'histoire d'Anjou. D'autres plus heureux, et profitant des travaux de leurs devanciers, termineront peut-être le monument inachevé. A chaque génération son labeur et son œuvre ; la nôtre a fini sa tâche ;

Et nunc dimittis !...

(1) Cette importante et si précieuse collection a été donnée, suivant le désir exprimé par M. Beautemps-Beaupré. à la bibliothèque de la ville d'Angers, par Mᵐᵉ Beautemps-Beaupré. C'est une précieuse acquisition pour notre bibliothèque.

FRAGMENTS HISTORIQUES [1]

« Foulque-le-Roux, fils d'Ingelger, ne nous apparaît
avec la qualité de vicomte ou de comte d'Anjou qu'à partir
du 29 septembre 898. Avant cette époque on le trouve
deux fois ; en 886, il signe la charte par laquelle le comte
Eudes, fils de Robert-le-Fort, rend aux chanoines de
Saint-Martin les biens qu'ils possédaient en Italie et qui
avaient été usurpés par ses prédécesseurs ; Foulques ne
prend aucune qualité dans cet acte. Il n'en prend aucune
non plus dans un jugement du 22 mars 891 ou 892 en
faveur des chanoines de Saint-Martin (2) ; mais, dans ce
dernier acte, le silence gardé sur sa qualité est d'autant
plus remarquable que son nom se trouve entre ceux de
Burchard et d'Ardradus, qualifiés, le premier de comte,
et le second de vicomte. Cette différence me fait conclure
que c'est seulement à une époque postérieure à 892 qu'il
a pris le titre de vicomte, titre que nous trouvons dans
plusieurs actes dont le plus récent, du 1er juin 908, est la
confirmation par Robert, abbé de Saint-Martin, et Hugues,
son fils, de plusieurs donations faites à Marmoutiers, dans

(1) Je publie ici les règnes de Foulques-le-Roux et de Foulques-
le-Bon, que M. Beautemps-Beaupré avait rédigés. Je ne crois pas utile
de publier divers autres fragments qui n'avaient pas reçu leur forme
définitive (G. D'ESPINAY).

(2) Mabile. Introduction, p. LIX et suiv. Il y a erreur dans le ren-
voi pour cette deuxième charte, qui ne se trouve pas au tom. XIV du
Gallia christiana. — (Cette note est de M. Beautemps-Beaupré,
ainsi que les suivantes.)

le Hainault, le Tournaisis et le Brabant ; au bas de cet
acte se trouve la signature : *S. Fulconis vice-comitis* (1) ;
puis de comte. C'est seulement dans la donation faite le
30 octobre 909, au chapitre de Saint-Martin, par les exécu-
teurs testamentaires de Gauzuin que nous le trouvons
mentionné pour la première fois avec le titre de comte ;
jusque-là on ne lui attribue que celui de vicomte. Je
m'abstiendrais de faire cette remarque, si un des actes
compris dans cette période, la donation du 5 juillet 905,
faite à Saint-Martin par Archambaud et sa femme
Ingilrade, ne lui reconnaissait la qualité de vicomte de
Touraine, *signum Fulconis Turonorum et Andecavorum
vice-comitis ;* dans l'acte du 30 octobre 909, qui lui donne
la qualité de comte, c'est Thibault qui est vicomte de
Touraine, *signum Tetbaldi Turonorum vice-comitis* (2).
Ces fonctions de vicomte ne paraissent donc pas avoir
quelque chose de bien fixe. Il y a encore une autre conséquence à tirer des actes cités par M. Mabile ; aucun ne
fait mention d'Ingelger, comte ou vicomte d'Anjou. Sa
parenté avec Foulques ne peut laisser aucun doute en présence de la charte de 929 ; mais les mentions relatives à
Foulques sont exclusives à l'exercice des fonctions de comte
ou de vicomte par Ingelger et, d'un autre côté, il est impossible de ne pas voir une véritable contradiction dans
les expressions dont se sert l'auteur du *Gesta* (p. 65), en
parlant de Foulques. Si c'était en effet le fils de l'illustre
comte Ingelger, qui avait ramené à Tours, avec tant
d'éclat, les reliques de Saint-Martin et assuré par sa valeur
les Marches d'Anjou et du Maine contre les déprédations
des Normands et des Bretons, ce même historien, quelques
lignes plus loin, ne le qualifierait pas d'homme nouveau,

(1) Labbe. Alliance chronologique, tom. II, p. 500.
(2) Mabile. Introduction, p. LIX à LXIII, XCII, XCIV, XCVI, XCVII, CII.
— Dom Housseau, XXVI, 385, 386.

malgré tous ses mérites, *novus homo, quamvis esset egregius*, qui avait soulevé contre lui l'envie de la plupart de la noblesse du pays et dont la nomination aux fonctions de comte étaient, par eux, regardée comme un avilissement de cette dignité *contra ipsum pleraque nobilitas invidia æstuabat et quasi pollui consulatum credebat...*

« Ajoutons que des travaux récents sur le Gâtinais ne font connaître, en ce pays, aucun personnage du nom d'Ingelger comme contemporain de Foulque-le-Roux ou de son père. Le premier comte du Gâtinais, contemporain de Charles-le-Simple, est Ingelramnus, et le second Gauzfredus, connu en 933 (1).

« Cette situation un peu effacée, faite au vicomte d'Anjou, est bien indiquée dans une charte du roi Eudes, datée d'Orléans, le 4 des ides de janvier 888 (10 janv.), constatant l'affranchissement fait conformément aux prescriptions de la loi salique d'un serf de ses domaines d'Anjou, *servum juris nostri*, qui lui est présenté par Rainon, évêque d'Angers (2). Dans une note accompagnant cette charte, Dom Housseau adopte, sans les critiquer autrement, les récits des anciens historiens de l'Anjou du xii° siècle, qui faisaient d'Ingelger le premier des comtes héréditaires d'Anjou, et du comte Foulque-le-Roux, son successeur. Mais il se rapproche beaucoup de la vérité en reculant jusque dans les premières années du x° siècle l'époque à laquelle Ingelger aurait été le véritable souverain de l'Anjou, et il ne paraît pas avoir connu les actes desquels il résulte que, depuis 886 au moins, Foulques figure parmi les fidèles du roi Eudes, et que le nom d'Ingelger n'y apparaît pas. En tenant compte de ces obser-

(1) *Origines gâtinaises*, par Jules Devaux, p. 15. br. in-8°. Paris, Picard, 1897.

(2) D. Housseau, t. I, n° 113, *ex cartul. nigro S. Mauricii andeg.* Mabillon, diplom. p. 555. — Recueil des hist. de France, t. IX, p. 440.

vations, celles de Dom Housseau ne manquent pas de justesse, si l'on supprime ce qu'il dit on laisse supposer de
l'existence d'Ingelger comme comte d'Anjou, même en
réduisant son gouvernement aux premières années du
x⁰ siècle. Voici comment il s'exprime :

« L'autorité royale exercée par Eudes sur les hommes,
« serfs et autres, de la province d'Anjou peut servir à
« prouver que les comtes Ingelgériens ne paraissent pas
« encore. L'auteur des gestes se trompe donc grossière-
« ment en plaçant la mort du chef de ces princes en 888,
« et lui faisant succéder Foulque-le-Roux. Le roi Eudes,
« fils de Robert-le-Fort, succéda à son père dans les
« comtés et celui d'Anjou lui fut confirmé... Ici, pas un
« mot du comte d'alors ; le Roi s'approprie les serfs,
« preuve non seulement de suzeraineté, mais de pro-
« priété ; ce serf lui est présenté par Rainon, évêque
« d'Angers ; n'est-ce pas le devoir d'un seigneur à l'égard
« de ses vassaux ? Si Foulque-le-Roux vivait, eût-il souf-
« fert qu'on eût altéré ses droits ? Le suzerain pouvait-il
« affranchir des serfs qui ne relevaient pas immédiatement
« de lui ? Ces raisons, appuyées sur des chartes qui ren-
« voient au siècle suivant les successeurs d'Ingelger,
« démontrent que, jusqu'au règne d'Eude, l'Anjou était
« resté aux fils de Robert-le-Fort et qu'Ingelger, qui
« pouvait en avoir le gouvernement, n'a été souverain
« d'Anjou que dans les premières années du x⁰ siècle. »

« Foulques avait épousé Roscilla, fille de Warnerius ou
Garnier, seigneur puissant de la Touraine, qui lui
apportait en dot trois châtellenies, Loches, Villentroys et
La Haye ; cependant la possession de deux de ces châtel-
lenies n'était pas exempte de critiques, *quorum duo postea
Fulco non bona ratione acquisivit* (1).

____

(1) *Gesta*, p. 63. — « Je désigne ainsi la *chronica de gestis con-
sulum andegavensium ;* édit. de la Société de l'histoire de France. »

« Le comte de Blois était maître de Tours et de Saumur. Le comte d'Anjou, maître d'Amboise et de Loches, pouvait facilement couper les communications entre Tours et Blois. La possession de Saumur par le comte de Blois et de Touraine était une menace permanente pour Angers. Cette situation devait par la suite amener entre deux seigneurs puissants et ambitieux des difficultés qui ne pouvaient se terminer que par la guerre. Elle fut retardée pendant tout le règne de Foulque-le-Bon, mais, sous son successeur, elle éclata longue et acharnée.

« Foulque-le-Roux avait eu trois fils : Guy, qui fut évêque de Soissons; Ingelger qui mourut jeune, après avoir passé sa vie à batailler avec les Normands, assassiné peut-être par eux, et Foulque-le-Bon qui fut comte d'Anjou.

« Il vivait encore le 10 août 941, jour où, en sa présence et en celle de son fils, fut tenu un plaid au sujet d'un domaine réclamé par Tesmundus. Il était mort au mois de mai 942. Après une vie dans laquelle, au dire de l'auteur du *Gesta*, les passions jouèrent un rôle prépondérant, il fut ramené à Dieu par Hervé, évêque d'Angers, et mourut dans un âge avancé, après avoir fait d'abondantes libéralités aux pauvres et aux monastères, surtout à Saint-Aubin et à Saint-Lézin.

« C'est donc entre le 10 août 941 et le mois de mai 942 que Foulque-le-Bon commença de gouverner l'Anjou. La soumission et la conversion de Rollon avaient terminé les guerres avec les Normands, et toute la France vivait en paix. Foulques n'eut donc pas à donner la preuve du courage et de l'habileté militaire que lui attribue l'auteur du *Gesta*; il vante aussi son instruction qui aurait été aussi complète que celle des membres du clergé de cette époque, au point de lui attirer les moqueries des gens de l'entourage du Roi (ce qui d'ailleurs s'est vu plus d'une fois) et même un peu du roi lui-même, ce qui lui valut une lettre

de Foulques, contenant cette fière observation : « Sachez,
« sire, qu'un roi illettré est un âne couronné ». — « Je le
« sais bien, dit le Roi, la science, l'éloquence et les lettres
« conviennent surtout aux rois et aux chefs (*consulibus*);
« plus est élevée la situation dans laquelle on se trouve,
« et plus on doit l'exemple des mœurs et de l'ins-
« truction » (1). A quoi notre auteur ajoute que son
habileté dans la connaissance de la grammaire et des
règles d'Aristote n'empêchait pas qu'il fût compté parmi
les meilleurs et les plus braves chevaliers (*milites*) de son
temps.

« Son règne pacifique et réparateur, continuant la
période de paix inaugurée par le gouvernement de
Foulque-le-Roux, attira la population dans l'Anjou et,
quand il mourut, le pays se trouva en état de supporter
les guerres importantes soutenues par son fils et son
petit-fils.

« Aux quelques actes de ce prince cités par M. Mabile
il faut ajouter celui signé par lui au mois de mai 942, par
lequel Carbon et sa femme Sunehildis donnèrent à Saint-
Julien de Tours un esclave né sur leurs terres (*verna-
culum*) (2).

« Au mois de septembre 958, avec Thibaut, comte de
Blois, et plusieurs évêques et autres personnages
importants de France et de Bretagne, il tient à Verron,
sur les confins de la Touraine et de l'Anjou, une assemblée
qui confirme les donations faites par les anciens rois de
France à Saint-Florent de Saumur et il rétablit le monas-
tère dans ses privilèges.

« Il est mort avant le mois de septembre 960. A cette
date, le comte Geofroy signe avec le comte de Blois Thibaut

(1) *Gesta,* p. 71.
(2) De Grandmaison; fragments de chartes du xe siècle, no IV,
p. 21 à 24. Paris, Picard, 1886.

et le comte du Maine Hugues l'acte par lequel une dame
du nom d'Aremburge donne à Saint-Florent la moitié de
sa terre de Varennes (*de alodo qui dicitur Varenas*) (1).

« Sa femme, dont on ne connaît pas la famille, se
nommait Gerberge. Il en eut quatre enfants : Geofroy
Grisegonelle, son successeur; Guy, abbé de Cormery et
ensuite évêque du Puy; Dreux, dont le sort est incertain;
Adelaïde, femme d'Etienne, comte de Gevaudan (2).

« On a imprimé deux lettres adressées, l'une par
Foulques à saint Odon, abbé de Cluny, l'autre qui est la
réponse de cet abbé. Ces deux lettres sont fausses (3). »

(1) Dom Housseau, t. I, n° 184, origine non indiquée.
(2) Mabile, *op. cit.* p. lxiii à lxvii; Dom Housseau, XXVI, 414, 415.
(3) Dom Housseau, XXVI, 415, v°.

ANGERS, IMPRIMERIE GERMAIN ET G. GRASSIN

OUVRAGES DU MÊME AUTEUR

I. HISTOIRE DU DROIT

De l'influence du droit canonique sur la législation française (mémoire
couronné par l'Académie de législation de Toulouse), 1856. — Epuisé.
La féodalité et le droit civil français (mémoire couronné par la même
Académie), 1862.
Les Cartulaires angevins. Etude sur le droit de l'Anjou au moyen âge
(ouvrage mentionné par l'Académie des Inscriptions), 1864.
La Coutume de Touraine au XVe siècle (ouvrage mentionné par l'Aca-
démie des Inscriptions), 1888.
Les réformes de la Coutume de Touraine au XVIe siècle (1891).
La Coutume d'Anjou en 1411 (1886).
La réforme de la Coutume d'Anjou en 1508 (1888).
La Coutume de Mirebeau et de Faye-la-Vineuse (1891).
La Coutume de Vendôme (1892) et note sur la *Coutume de Vendôme*
(1894).
La réforme de la Coutume du Maine en 1508 (1893).
Un document inédit sur la Coutume de Paris (1891).
L'ancien droit successoral en Basse-Bretagne (1895).
Le droit d'aînesse en Poitou (1896).
La liberté de tester et la copropriété familiale (1882).
Louis XVIII et l'inamovibilité de la magistrature (1884).

II. HISTOIRE LOCALE ET ARCHÉOLOGIE

Notices archéologiques : 1re série, *Monuments d'Angers* (1876) ; 2e série,
Saumur et ses environs (1878) (ouvrage couronné par l'Académie des
Inscriptions).
Les enceintes d'Angers (1875). — Epuisé.
La légende des comtes d'Anjou : 1re partie (1883) ; 2e partie, *Comtes héré-
ditaires* (1893).
Les Comtes du Gâtinais (1898).
Le gouvernement militaire de Saumur (1885).
Le bailliage de Loudun (1891).
La sénéchaussée d'Anjou (1892).
Fiefs du comté d'Anjou aux XIVe et XVe siècles (1900).
L'abbesse Hérrad de Landsberg et la vie privée au XIIe siècle (1870).
L'architecture civile dans la Touraine méridionale (1871)
L'église abbatiale de la Couture, du Mans (1878).
Un cercle de petite ville (Loudun), *au XVIIIe siècle* (1885) ; — *Le cercle
de Saumur en 1781* (1886).
La Fée Mélusine.

III. COMPTES RENDUS D'OUVRAGES

Les Sources des Etablissements de Saint-Louis, par M. Paul Viollet,
membre de l'Institut (1880).
Les Etablissements de Saint-Louis, du même (1887).
Coutumes et Institutions de l'Anjou et du Maine, par M. Beautemps-
Beaupré (Coutumes et styles), 1884.
Institutions judiciaires de l'Anjou et du Maine, du même (1897).
La controverse sur l'époque de la mission de Saint-Gatien (1873).
Proverbes et maximes du droit germanique, par Chaisemartin.

IV. NOTICES NÉCROLOGIQUES

Le D^r Ad. Lachèse, président de la Société d'agriculture, sciences et arts
d'Angers (1884).
M. Gustave de Cougny, ancien directeur de la Société française d'archéo-
logie (1896).
M. Victor Godard-Faultrier, sa vie, ses œuvres (1896).
M. Beautemps-Beaupré, conseiller honoraire à la Cour d'appel de Paris
(1899).

www.ingramcontent.com/pod-product-compliance
Lightning Source LLC
LaVergne TN
LVHW022317170726
843503LV00006B/2552